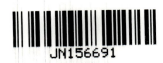

Personnel Management of a Diversified Employment

多様化する雇用形態の人事管理

人材ポートフォリオの実証分析

西岡由美［著］
Nishioka Yumi

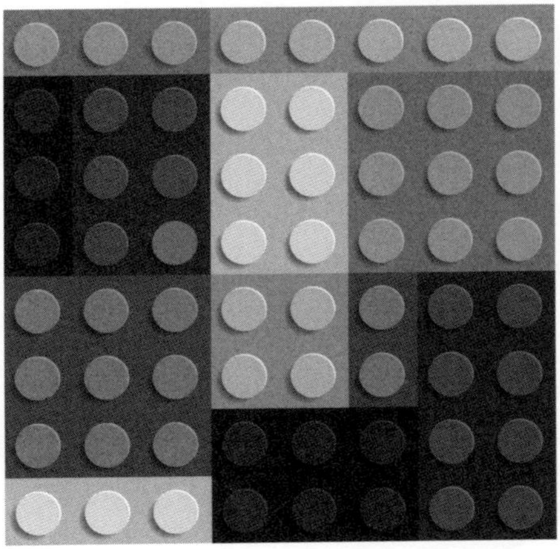

中央経済社

はしがき

日本企業において，多様な働き方を実現するための基盤となる人事管理の整備が強く求められている。1990年代以降，非正社員の拡大，社員の高齢化等に対応するために，日本企業は人事管理の見直しを行ってきた。同時に，人事管理の諸問題に関わる調査と研究が蓄積され，一見すると伝統的な日本型の人事管理から新しい人事管理への変革が進んでいるように感じられる。だが，その内実，企業は目の前の問題に，その都度，個別に取り組んできた結果，場当たり的な対応となり，そのことが人事管理の全体像に歪みを生じさせている。こうした特定の人事管理の問題に対症療法的に対応するためだけでなく，これまでの取り組みを組み合わせる形で諸問題に包括的に対応できる，いわば根治療法的な人事管理の再構築の必要性に迫られている。まさに多様な働き方を実現するためには，個別の働き方を実現するための人事管理ではなく，同一企業内で同時に複数の働き方を実現可能とする包括的な人事管理のあり方を検討する必要がある。

そのため本書の主題は，働き方の多様化を伝統的な日本型の人事管理を再考する起点の１つと捉え，実証研究により働き方の多様化に対応した包括的な人事管理のあり方を検討することにある。

本書は，2016年度に提出した博士論文を加筆修正したものである。博士後期課程を満期退学してから15年が経とうとしている。その間，常に頭の片隅にありながらも，本格的に取り組むきっかけを，なかなか掴めなかったのが博士論文である。自身の研究テーマや研究方法に自信が持てず悩んだ時期もあったが，これまでの研究を振り返ると，過去の研究成果の一つ一つが欠くことのできないピースとなり，同論文を完成させるに至ったように感じる。

本書の大きな特徴の１つが，著者が携わった約20年間の研究の積み重ねによって得られた内容に基づいている点である。著者が大学院に進学した1990年代後半以降，日本企業の雇用を取り巻く環境は大きく変化し，企業はさまざまな人事管理の問題に直面してきた。つまり，これまで日本企業の強みとされてきた伝統的な日本型の人事管理では対応できない問題が数多く浮上してきたのである。その間，それらの問題の実態を把握し，対応策を検討するために，官民の研究機関やシンクタンク等でさまざまな調査研究プロジェクトが実施され，幸運にもこれらのプロジェクトに参加する機会に恵まれた。成果主義（業績管理）や生産性向上のための人事施策，非正社員の活用および均衡処遇問題，ダイバーシティマネジメント，ワーク・ライフ・バランス，グローバル人材，外国人労働者，若年雇用，高齢者雇用等，テーマは多岐にわたるが，いずれも日本企業が直面してきた雇用の問題を最前線で調査・研究・検討することができた。本書が取り上げる多様な働き方は，これらの雇用の問題が複合的に絡み合ってできた所産であり，それらの研究プロジェクトで得た知見が本書で取り上げる人事管理の再構築を考える上でのベースとなっている。

また，本書のもう１つの特徴は，実証的な研究をベースとしている点である。その背景には，客観的なデータを用いることにより，実態把握から得られた仮説を統計的に検証し，実務的にも役立つ頑健かつ現実的なインプリケーションを提示したいとの思いがあったからである。とくに人事管理研究は，経営学の中でも学術的研究と実務の融合の難しさが指摘されているが，人事管理の研究者だけでなく，人事管理の諸問題に取り組んでいる実務家にとって，本書が参考になれば幸いである。

言うまでもなく，この本を出版することができたのは，多くの方々のご指導とご支援があったからである。とくに，大学時代からの恩師である学習院大学名誉教授の今野浩一郎先生に感謝の意を表明したい。先生との出逢いがなければ，研究者の道を志すことはなかったし，研究の本当の楽しさを知ることもできなかった。本研究を進めるにあたっても，時には厳しく，時には愛情をもって，根気強くご指導いただいた。不肖の弟子である筆者を常に適切に導いてくださる先生に感謝申し上げるとともに，研究者としての鋭さと厳しさ，教育者としての懐の深さなど，少しでも先生に近づけるように，今後さらに研鑽を積んでいきたい。

博士論文の副査をご担当いただいた佐藤博樹先生（中央大学），脇坂明先生（学習院大学）にも心から感謝申し上げたい。ご多忙な中，時間を割いて原稿に目を通していただき，論文の完成に向けて貴重なご意見やご助言をいただいた。両先生からのコメントは大変示唆に富んでおり，この分野の研究をさらに進める上で鍵となるものが数多く含まれている。本書の中で対応できなかった部分については，さらに研究を進めることで応えていければと思う。

これまで参加した多くの調査研究プロジェクトにてご一緒させていただいた研究者の方々，実務家の方々には，プロジェクトでのディスカッションを通して多くのご示唆をいただいた。人事管理の諸問題に取り組むためには，土地勘が重要であるといわれるが，こういった場への参加が私の土地勘の拠り所である。さらに本書の実証分析においては，みずほ情報総研株式会社「多元的な働き方に関する取組の事例集・雇用管理上の留意点に関する周知啓発等事業（厚生労働省委託事業）」，社団法人全国労働基準関係団体連合会（現．公益財団法人全国労働基準関係団体連合会）「均衡処遇からみた人事・賃金制度に関する調査研究会（厚生労働省委託事業）」，学習院大学経済経営研究所「ワーク・ライフ・バランスを実現する企業支援システムと雇用システム」（文部科学省科学研究費補助金，基盤研究（A)，研究課題番号：24243049）プロジェクトより貴重なデータをご提供いただいた。この場をお借りし，関係機関のご厚情に感謝申し上げたい。

また本書の一部は，すでに公表している論文および学会の全国大会での報告内容をもとに構成している。論文の作成に際しては，編集委員会および匿名の査読者から有益なコメントを頂戴した。報告では，討論者やフロアの参加者から有益なコメントを頂戴した。諸先生方からのご指導に感謝申し上げたい。

勤務先である立正大学経営学部の先生方にも，恵まれた研究環境を与えていただいていることに感謝したい。本書の出版に際しては，立正大学産業経営研究所からの出版助成を受けている。

本書の出版にあたって，博士論文を単著として出版する機会を提供していただいた中央経済社に深く感謝申し上げる。また，中央経済社経営編集部の市田由紀子氏に大変お世話になった。

最後に，家族への感謝を記したい。本書の執筆期間の大部分が，妊娠・出産・息子の乳児期と重複したこともあり，章を読み返すと息子・崇杜の成長過程が思い出され感慨深いものがある。このような時期に本書を完成できたのは，家族の多大なる支えと忍耐のおかげである。同分野の研究者である夫・孝史との日々の会話から，さまざまなアイデアや思考の整理ができたことは，本書を完成させる上で大きな強みとなった。忙しい中でも常に研究を楽しみ，研究に真摯に取り組む姿勢に研究者として敬意を表するとともに，これからも充実した研究生活，家庭生活が送れるよう切磋琢磨できればと思う。また研究者の道を進むことを理解し，支え続けてくれた両親にも感謝したい。私の性格を知り尽くした父・隆夫，母・信代の両親ならではの絶妙なタイミングでの励ましにはいつも心から感謝している。

本研究は，研究上でも実務上でもまだまだ解決すべき問題を多々含んでいる。本書をもとに，今後さらに研究を進めていきたい。

2018年１月

西岡　由美

目　　次

第Ⅰ部　多様な正社員に関する実証研究

第9章 人事管理の再構築に向けたインプリケーション —要約と結論—

第1章　多様な働き方を実現するために
―背景と問題意識―

1.1　問題の背景

政府により一億総活躍社会の実現に向けた横断的課題として「働き方改革」が打ち出され，多様な働き方を可能とする社会への変革が重要な政策課題とされている。また多様な働き方を進めるための改革プランにおいて，「同一労働同一賃金」の実効性を確保する法制度とガイドラインの整備が示され，「同一労働同一賃金」のあり方について注目が集まっている。日本では，今まさに企業とそこで働く労働者個人が共に働き方を見直すとともに，多様な働き方を実現するための基盤整備が強く求められているのである。

さらに実務的な面からみると，企業は2013年４月に施行された「労働契約法の一部を改正する法律」（以下，「改正労働契約法」），2015年４月に施行された「短時間労働者の雇用管理の改善等に関する法律の一部を改正する法律」（以下，「改正パートタイム労働法」）等の労働関連法令への対応に迫られている。改正労働契約法では，有期契約労働者が反復更新で５年を超えた場合の無期契約への転換が規定されており，2018年４月以降，無期転換ルールの効力が本格的に発揮されてくる。

また改正パートタイム労働法では，通常の労働者と同視すべき短時間労働者の範囲が拡大されるとともに，短時間労働者と通常労働者の間の待遇の原則として，その相違は職務の内容，人材活用の仕組み，その他事情を考慮して不合理なものであってはならないとする規定，雇い入れの際の事業主による説明義務の規定，さらに同法の実効性を確保するための規定が新設された。

こういった一連の動きにより，多様な働き方に注目が集まり，かつ期待が高まる一方で，その前提となる多様な働き方の実態把握，さらにその効果については，まだ十分に検討されていない。働き方の多様化は，企業にとっては避けては通れない喫緊の課題であるが，データや事実に基づく経営（evidence-based management）による人事管理の立案を企業がしなければ，人事管理はアドホックなものとなり，その効果は限定的になろう。

1990年代以降，日本企業を取り巻く雇用環境は大きく変化し，これまで日本企業の強みとされてきた伝統的な日本型の人事管理では対応できないさまざまな雇用問題が浮上し，企業はそれらに対応するために，都度，人事管理の手直しに取り組んできた。いわば，現代の日本企業の人事管理を家にたとえると，法改正や社会的な要請に基づき増改築を繰り返してきた状態である。だが，多様な働き方を実現するためには，それらの問題を包括的に解決する俯瞰的な視点が必要であり，多様なデータや事実に基づき人事管理をグランドデザインすることが強く求められる。

そこで本書では，働き方の多様化を伝統的な日本型の人事管理を再考する起点の１つと捉え，実証研究により働き方の多様化に対応した包括的な人事管理のあり方を検討したい。

1.2　研究目的と研究枠組み

本書の目的は，働き方の多様化に伴う雇用区分の設定とそれに対応する人事管理を定量分析から探求することにある。とくに，正社員と非正社員という伝統的な二区分ではなく，同一企業内の多様な雇用区分の組み合わせを念頭に，組み合わせの違いが人事管理に及ぼす影響，さらには人事管理が経営パフォーマンスに及ぼす影響について検討する。

1990年代以降，日本企業は，過剰雇用の解消と労務費の削減をはかりつつ雇用の柔軟性を高めるために，正社員を絞り非正社員を拡大する方向で人事管理の再編を進めてきた（今野，2012）。一方，働く側をみると，ライフスタイルの変化，価値観やキャリア意識の多様化に伴って多様な働き方に対するニーズが強まっている。その結果，過去20年間の雇用形態別の雇用者数の推移をみると，雇用者に占める非正社員の割合は，1990年の20.2%から2016年の37.5%へと大幅に増加している。さらに非正社員の雇用形態の内訳をみるとパートタイマー，アルバイト，契約社員，派遣社員等のいずれも増加傾向にあり，雇用形態の多様化が進んでいる（**表1-1**参照）。

また正社員についても多様な働き方の波が確実に広がっている。政府の経済成長戦略の柱の１つである雇用制度改革の中で，雇用が安定し処遇も高いが，働き方の拘束性が高い正社員と，雇用が不安定で処遇が低く，能力開発の機会が少ない非正社員の間を埋める中間的な働き方として，限定正社員（多様な正社員）の普及が検討されている。すでにこの限定正社員制度を採用している企業も少なくなく，厚生労働省（2012）によると，多様な正社員（職務・勤務地・労働時間のいずれか，あるいは複数に対して限定的な働き方をする正社員）の雇用区分を導入している企業は51.9%と過半数を超える。

こうした社員の働き方の多様化は，人事管理にどのような影響をもたらすのか。企業は，社員を効果的に確保し，育成し，処遇できるように，いくつかの社員グループ（一般的に「雇用区分」もしくは「社員区分」と呼ばれる）に分け，それぞれに異なる人事管理を適用している。そのため，どのように社員グループを設定し，どのような社員グループの人材を活用するかは，人事管理を遂行する上での前提条件となる。社員の働き方が多様化すると，企業はそれに対応するためにより細かく社員をグループ分けすることになる。他方，細かくグループを設定すれば，同一企業内で異なる人事管理が適用されることになり，グループ間の役割の違いの明確化や均衡処遇への配慮が強く求められるようになる。そのため，企業はさまざまな要因を考慮しながら，自社にとって最適な社員グループの設定とその活用（組み合わせ）を決定しているのである。このように考えると，社員の働き方の多様化に対応した社員グループの設定と組み

表1-1　雇用形態別雇用者数の推移

（単位：万人）

		正規の職員・従業員	（割合）	非正規の職員・従業員	（割合）	パート	アルバイト	派遣社員	契約社員	嘱託	その他
労働力調査詳細集計	1990年	3488	79.8	881	20.2	506	204	－	－	171	
	1991年	3639	80.2	897	19.8	522	212	－	－	163	
	1992年	3705	79.5	958	20.5	555	227	－	－	176	
	1993年	3756	79.2	986	20.8	565	236	－	－	185	
	1994年	3805	79.7	971	20.3	559	241	－	－	171	
	1995年	3779	79.1	1001	20.9	563	262	－	－	176	
	1996年	3800	78.5	1043	21.5	594	276	－	－	173	
	1997年	3812	76.8	1152	23.2	638	307	－	－	207	
	1998年	3794	76.4	1173	23.6	657	329	－	－	187	
	1999年	3688	75.1	1225	24.9	686	338	－	－	201	
	2000年	3630	74.0	1273	26.0	719	359	33	－	161	
	2001年	3640	72.8	1360	27.2	769	382	45	－	163	
労働力調査詳細集計	2002年	3489	70.6	1451	29.4	718	336	43	230		125
	2003年	3444	69.6	1504	30.4	748	342	50	236		129
	2004年	3410	68.6	1564	31.4	763	333	85	255		128
	2005年	3375	67.4	1634	32.6	780	340	106	279		129
	2006年	3415	67.0	1678	33.0	793	333	128	284		141
	2007年	3449	66.5	1735	33.5	824	342	133	299		137
	2008年	3410	65.9	1765	34.1	824	331	140	322		148
	2009年	3395	66.3	1727	33.7	817	339	108	323		140
	2010年	3374	65.6	1763	34.4	852	344	96	333		138
	2011年	3352	64.9	1811	35.1	874	355	96	360		127
	2012年	3340	64.8	1813	35.2	888	353	90	354		128
	2013年	3294	63.3	1906	36.7	928	392	116	273	115	82
	2014年	3278	62.6	1962	37.4	943	404	119	292	119	86
	2015年	3304	62.5	1980	37.5	961	405	126	287	117	83
	2016年	3355	62.5	2016	37.5	984	414	133	286	119	81

資料出所：2001年までは総務省「労働力調査（特別調査）」（2月調査）長期系列表9，2002年以降は総務省（「労働力調査（詳細集計）」（年平均）長期系列表10
注1：2005年から2010年までの数値は，2010年国勢調査の確定人口に基づく推計人口（新基準）の切り替えによる補正ないし遡及を行っている。
注2：2011年の数値は，被災3県の補完推計値を用いて計算した値（2010年国勢調査基準）である。
注3：雇用形態の区分は，勤め先での「呼称」によるものである。
注4：割合は，正規の職員・従業員と非正規の職員・従業員の合計に占める割合である。

合わせのパターンはいくつか考えられ，それを前提とした人事管理も企業がとる社員グループのパターンによって異なるはずである。

しかしながら，働き方の多様化に伴う雇用区分の再編の動きやそれに対応した人事管理に注目が集まり，その重要性は指摘されるものの，実態を実証的に明らかにした研究は少ない。さらに，こうした一連の動きが経営パフォーマンスにどのような影響を及ぼしているのかを体系的に示した研究はない。

以上をふまえ，**図1-1**の分析枠組みに沿って研究を進める。第1に，社員の働き方の多様化に対応するための雇用区分の設定と組み合わせのパターンを明らかにする。企業内の雇用区分の代表的なものとして，正社員と非正社員の二区分があるが，本書では働き方の拘束性の高い従来型の正社員「無限定正社員」の他に，正社員の中で限定的な働き方をする「限定正社員」と有期雇用の「非正社員」を代表的な区分として設定し，さらにそれぞれの中で細分化された雇用区分を視野に入れた分析を行う。

第2に，第1で明らかになった雇用区分の設定と組み合わせのパターンに対応した人事管理のあり方を検討する。異なる雇用区分の人事管理を検討する際には，区分間の均衡問題が大きな課題となる。均衡問題では，誰を比較対象とするかによって考慮すべき均衡のあり方が異なるが，雇用区分の多元化は大きく2つの均衡問題をもたらすだろう。1つは，正社員と非正社員に代表される多くの企業ですでに導入されている主に雇用契約の違いによる雇用区分間の均衡（between）であり，もう1つは，非正社員の中のパートタイマー，契約社員，嘱託社員のように上述の雇用区分の内部における均衡（within）である。本書では均衡問題を解決するための第1段階として，主に前者の均衡（between）に着目する。

第3に，社員の働き方の多様化に対応した人事管理が組織パフォーマンスや経営パフォーマンスに及ぼす影響を確認する。日本企業の現状をふまえると，多様な働き方に対応した人事管理への再編は不可欠であるが，厳しい経営環境の中で企業が市場競争を勝ち抜くためには，新しい人事管理は働く側のニーズを実現するだけでなく，他の経営活動と同様に企業にとって有益なもの，すな

図 1-1　本研究の分析枠組み

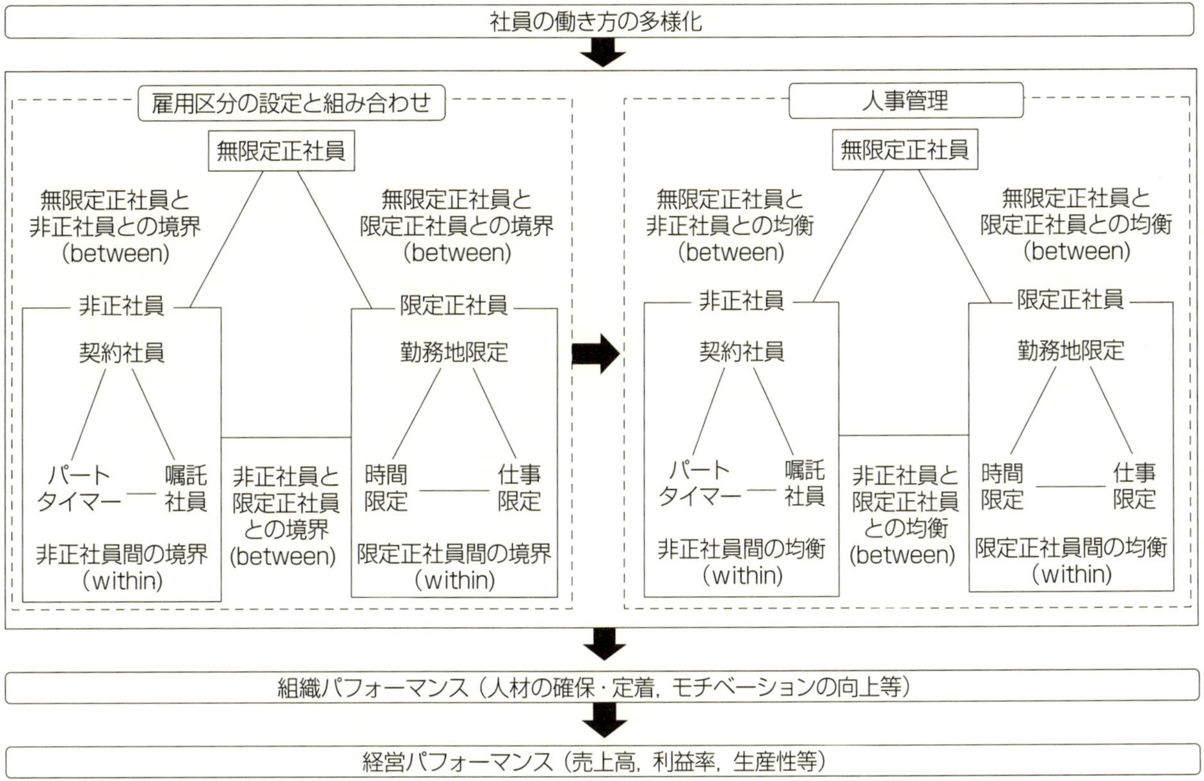

わち「Win-Win」の関係を構築するものでなければならない。そのため本書において，人材の確保・定着，社員のモチベーションの向上等の組織パフォーマンス，さらには経営パフォーマンスが期待できる人事管理のあり方を検討する意義は大きい。

1.3　雇用区分の捉え方

以上の研究枠組みの中で雇用区分の概念が重要な役割を果たしているが，その捉え方は，実務上も研究上も必ずしも確定していない。そこで本書では，どのように雇用区分を捉えたかを説明しておく。今野（2012）で示されているように，企業は人事管理の細部の設計を検討する前に，管理上の効率性を考えて，社員を異なる人事管理の体系が適用されるグループに，何らかの基準で区分している。これが雇用区分であり，その設定基準の代表的なものとしては，雇用契約の期間，仕事内容，企業内でのキャリア，就労条件（労働時間，勤務地など）の違いなどが挙げられるが，用いる基準やその組み合わせは企業によって多様である。さらに，これらの基準を就業規則や労働契約書等で規定・明示していない企業も多く，雇用区分を運用上の便宜さや一時的な措置として用いている場合も少なくない。その結果，雇用区分の捉え方は企業や個人によって異なり，個々の社員グループの定義や呼称は曖昧かつ多様であり，雇用区分の実態把握を複雑にしている。

しかし，前述のように雇用区分は企業が人事管理を行う上での前提条件であり，企業は経営活動上のニーズに基づいて，それを効率的に実現するために社員を確保，育成，処遇することから，企業が社員に期待する役割に応じて，社員に適用される人事管理は異なるはずである。以上をふまえると，雇用区分は，企業が社員に「期待する役割」と「適用する人事管理」の違いを示すものであるといえる。これまで日本企業では，「期待する役割」が比較的曖昧に設定され，また企業とそこで働く社員との暗黙の了解のもとで，「適用する人事管理」の合意を得てきた。雇用区分の多様化は，この「期待する役割」と「適用する人事管理」の細分化を招くことから，今後は社員グループごとに「期待する役割」と「適用する人事管理」をより明確にする必要性が高まるだろう。

なお，本書では，社員の働き方の多様化に伴う雇用区分の設定とそれに対応する人事管理のあり方を明らかにするために，5つのアンケート調査のデータを用いた。これらの調査における社員グループの定義は，おおむね一般的な呼称に基づき雇用区分に沿った形で実施されているが，調査によって対象となる社員グループの名称が異なる場合がある。また調査対象者に企業内での呼称に基づいた回答を求めた場合には，企業によってその定義にばらつきがある可能性もある。そのため，本書では雇用区分の解釈にあたっては，これらの点に十分に留意する必要がある。

また，今野（2010）によると，一般的に正社員と非正社員のような雇用形態の違いによる区分は雇用区分を示し，正社員の中の区分は社員区分と呼ばれることが多い。そのため，厳密には社員区分と雇用区分を分けて論じるべきだが，これまで用いられてきた社員区分が正社員の仕事内容や企業内でのキャリアの違いを基準に区分されてきたのに対して，近年の正社員内部の区分の中心的な論点である限定正社員区分は，雇用形態や雇用のあり方そのものにより深く関係することから，本書では社員区分も含め雇用区分と呼ぶことにする。

1.4　本書の構成

本書は，複数のアンケート調査の定量分析を用いた実証研究により，この章を含めて9章で構成されている（図1-2参照）。このうち，第2章は，正社員と非正社員の社員全体を対象とした研究を，第Ⅰ部の第3章から第5章は正社員を対象とした研究を，第Ⅱ部の第6章から第8章は非正社員を対象とした研究を展開している。

第2章では，企業内の雇用区分の組み合わせとその雇用比率の観点から社員を類型化することによって，日本企業の人材ポートフォリオの実態を明らかにする。具体的には，3つのアンケート調査データを用い，第1段階として正社

図1-2　本書の構成

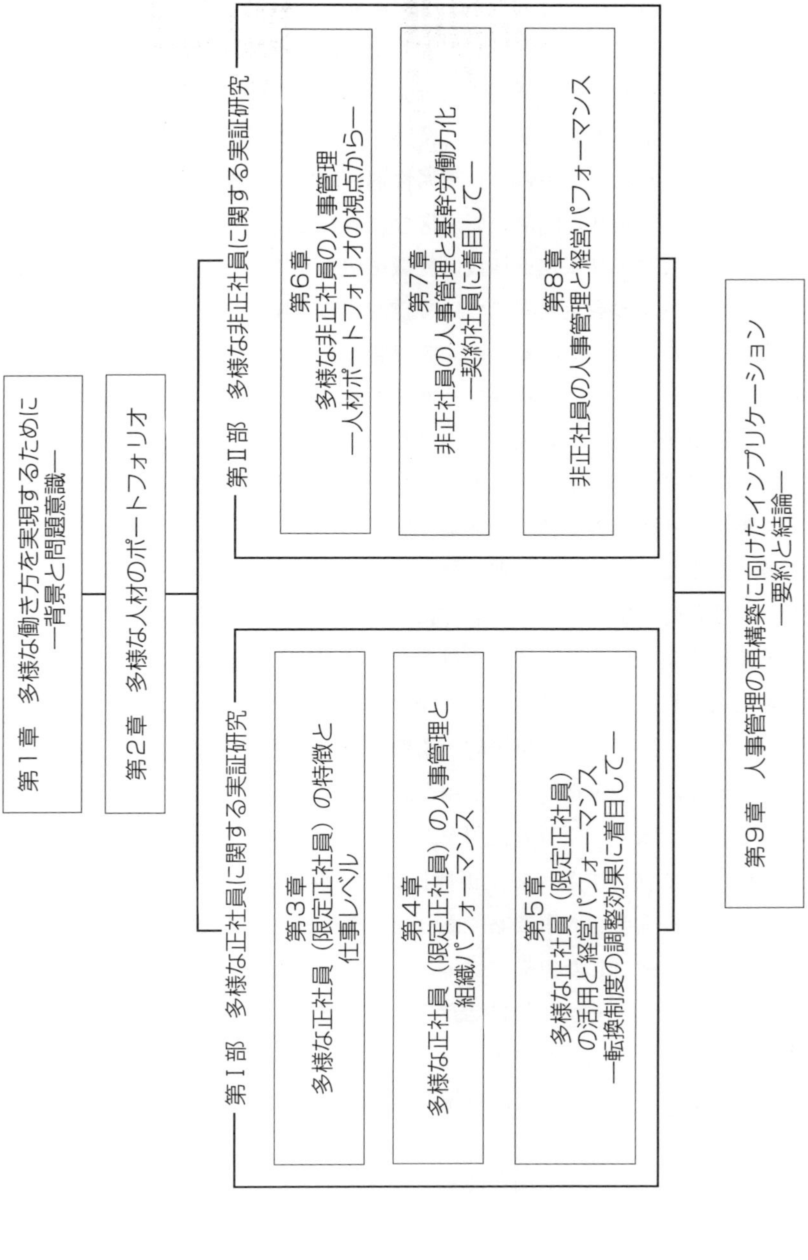
第1章　多様な働き方を実現するために
―背景と問題意識―
第2章　多様な人材のポートフォリオ
第Ⅰ部　多様な正社員に関する実証研究
第3章
多様な正社員（限定正社員）の特徴と
仕事レベル
第4章
多様な正社員（限定正社員）の人事管理と
組織パフォーマンス
第5章
多様な正社員（限定正社員）
の活用と経営パフォーマンス
―転換制度の調整効果に着目して―
第Ⅱ部　多様な非正社員に関する実証研究
第6章
多様な非正社員の人事管理
―人材ポートフォリオの視点から―
第7章
非正社員の人事管理と基幹労働力化
―契約社員に着目して―
第8章
非正社員の人事管理と経営パフォーマンス
第9章　人事管理の再構築に向けたインプリケーション
―要約と結論―

員，フルタイム非正社員，パートタイム非正社員といった３つの社員グループの人材ポートフォリオの実態を把握した上で，第２段階として，正社員と非正社員の内部の雇用区分に着目し，それぞれの多様化の現状を確認する。なお，こうした人材ポートフォリオは，業種，企業規模等の企業属性の影響を受けることが想定されることから，企業属性別の傾向にも触れる。

第３章では，正社員内部の雇用区分に着目し，正社員に複数の雇用区分を設けている企業および限定正社員の特徴を明らかにした後に，限定正社員が担当する仕事レベルの規定要因について検討する。限定正社員の特徴の中で，とくに仕事レベルを取り上げるのは，要員管理を行う上で社員がどの程度の仕事を担うかを把握することが重要であり，さらに担当する仕事レベルは，限定正社員の処遇を決定付ける要因の１つとなるからである。

第４章では，無限定正社員との比較から限定正社員の人事管理の実態を整理し，限定正社員の人事管理が組織パフォーマンス（優秀な人材の確保，人材の定着，高度な専門人材の処遇，ワーク・ライフ・バランスの実現，生産性の向上，人件費の抑制）に及ぼす影響について検討する。限定正社員は，正社員と非正社員の間を埋める中間的な働き方として注目されているが，その普及には無限定正社員と限定正社員という働き方の違いを前提とした，異なる雇用区分間の公平性を担保した人事管理の整備という課題が残る。

第５章では，限定正社員の活用が経営パフォーマンスに与える影響を検討するとともに，限定正社員の活用を進める上で，雇用区分間の転換制度が果たす役割について検討する。限定正社員制度の導入は，企業にとって人材の確保，配置に関わる重要な人事戦略であり，企業の経営上の大きな課題であることから，第４章で検討した組織パフォーマンスへの影響にとどまらず，同制度が最終的な経営パフォーマンスに与える影響も考慮する必要がある。さらに限定正社員の活用による経営パフォーマンスへの影響は，転換制度の状況によって異なることが考えられるため，転換制度がこれらの関係に及ぼす調整効果についても検討する。

第６章では，同一企業内で就労する「契約社員・準社員」「パートタイマー・

アルバイト」「嘱託社員」といった異なる非正社員グループの活用実態を，雇用比率という「量」，仕事レベルという「質」の2つの側面から整理した上で，非正社員グループの活用パターンの違いが，非正社員の人事管理に及ぼす影響を検討する。非正社員の人事管理の規定要因はさまざま考えられるが，雇用区分間の均衡処遇の重要性に鑑みると，非正社員グループのパターンが重要である。非正社員の多様化は，非正社員の雇用区分間の均衡処遇の問題を顕在化させ，多様な非正社員全体を視野に入れた人事管理のあり方を問うことになるからである。

第7章では，多様な非正社員グループのうち，とくに契約社員に着目し，契約社員の人事管理の特徴を整理した上で，どのように契約社員を処遇すれば契約社員の基幹労働力化が進むのか，つまり人事管理が基幹労働力化に及ぼす影響について検討する。具体的には，契約社員の人事管理機能のうち，第1に人事管理の基盤システムである社員区分制度と社員格付け制度，第2に処遇の中核をなす賃金管理に注目し，契約社員の人事管理と基幹労働化との関係を明らかにする。この2つの人事管理機能に注目するのは，人事管理の骨格はどのような人事管理を行うかという基本的な設計思想（アーキテクチャ）に規定される。そのため設計思想の人事管理への影響は，まず人事の基盤を形成する基盤システムに現れ，さらにその下で実際にどのように処遇されるかによって，契約社員の基幹労働力化の程度は大きく異なるからである。

第8章では主要な非正社員グループであるパートタイマーと契約社員それぞれについて，正社員との人事管理制度の均衡と経営パフォーマンスとの関係を分析し，非正社員グループによって，これらの関係性にどのような違いが現れるかを比較検討する。第6章と第7章では，非正社員の活用と人事管理との関係に焦点をあてたが，第5章の正社員を対象とした分析と同様に，企業が経営活動を継続させていくためには，経営パフォーマンスへの影響は無視できない問題であることから，非正社員の人事管理のあり方が経営パフォーマンスに及ぼす影響を研究の射程とする。なお，分析に際しては，非正社員の中でも雇用比率が高く，第7章の分析結果より正社員との均衡処遇を意識する必要性が高い非正社員グループであることが示唆されたパートタイマーと契約社員に着目する。

第９章では，本書の最終章として各章の研究全体を総括した上で，社員の働き方の多様化に対応した人事管理のあり方について議論する。

参考文献

今野浩一郎（2010）「雇用区分の多様化」『日本労働研究雑誌』第597号，pp.48-51.

――――（2012）『正社員消滅時代の人事改革』日本経済新聞出版社.

今野浩一郎・佐藤博樹（2009）『マネジメント・テキスト　人事管理入門（第２版）』日本経済新聞出版社.

厚生労働省（2012）『「多様な形態による正社員」に関する研究会報告』.

――――「パートタイム労働法の改正について」
http://www.mhlw.go.jp/stf/seisakunitsuite/bunya/0000060383.html（参照日：2017年8月14日）

――――「労働契約法改正のあらまし」
http://www.mhlw.go.jp/seisakunitsuite/bunya/koyou_roudou/roudoukijun/keiyaku/kaisei/dl/pamphlet.pdf（参照日：2017年8月14日）

佐藤博樹編（2009）『叢書・働くということ④　人事マネジメント』ミネルヴァ書房.

佐藤博樹（2012）『人材活用進化論』日本経済新聞出版社.

総務省統計局「労働力調査　長期時系列データ」
http://www.stat.go.jp/data/roudou/longtime/03roudou.htm#hyo_1（参照日：2017年8月10日）

鶴光太郎・樋口美雄・水町勇一郎編（2011）『非正規雇用改革―日本の働き方をいかに変えるか―』日本評論社.

八代充史・牛島利明・南雲智映・梅崎修・島西智輝編（2015）『新時代の「日本的経営」』オーラルヒストリー―雇用多様化論の起源―』慶應義塾大学出版会.

山田久（2017）『同一労働同一賃金の衝撃―「働き方改革」のカギを握る新ルール―』日本経済新聞出版社.

労働政策研究・研修機構（2017）『「改正労働契約法への対応状況に関するインタビュー調査」結果』資料シリーズNo.195.

Osterman, P. (1987) “Choice of Employment Systems in Internal Labor Markets”, *Industrial Relations*, 26, pp.46-65.

Pfeffer, J.（1998）*The Human Equation: Building Profits by Putting People First*, Boston, Harvard Business School Press（守島基博監修・佐藤洋一訳（2010）『人材を活かす企業』翔泳社）.

第2章　多様な人材のポートフォリオ

2.1　多様な雇用区分の設定と組み合わせ

日本企業では，雇用区分の多様化（つまり細分化）が進んでいる。企業にとって社員を区分することは，異なる区分の社員に対して人事管理上，異なる扱いをすることを意味する。そのため，雇用区分を細分化するほど区分間の処遇の均衡をとることは難しくなり，また社員の流動性が低下し配置の柔軟性が阻害されることから，雇用区分は細かく設定すればよいというものではなく，企業はさまざまなトレードオフの中で最適な区分の選択をしているのである（今野，2010）。

では日本企業は，社員の働き方やキャリア志向が多様化する中で，どのような雇用区分の設定と組み合わせをとっているのか。日本企業の雇用区分は，伝統的に期間の定めのない長期雇用の正社員とそうでない非正社員といった雇用契約の違いによる二区分で捉える傾向が強かった。しかしながら，現状の日本企業をみると，伝統的な二区分を越えて，正社員，非正社員のそれぞれについて複数の雇用区分が設定される方向にある（佐藤・佐野・原，2003；今野，2010；守島，2011など）。

このような多様な雇用区分の設定と組み合わせについては，1990年代半ば以降，人材ポートフォリオとして議論されてきた。人材ポートフォリオとは，企業にとって最適な戦略や目標を達成するために，事業ないし業務内容に応じて人材を類型化し，類型ごとに適合的な人事管理を提示しようとするものである（Lepak and Snell, 1999；2002；Baron and Kreps, 1999；西村・守島，2009；平野，2009；大橋，2015；Boxall and Purcell, 2015）。

そこで本章では，2014年から2015年に実施された３つのアンケート調査のデータを用いて，第１に，正社員，フルタイム非正社員，パートタイム非正社員といった３つの社員グループに着目し，雇用区分の組み合わせの観点から，日本企業における人材ポートフォリオの実態を明らかにする。第２に，正社員と非正社員の内部の雇用区分の多元化に注目し，多様な雇用区分の組み合わせの実態を確認する。なお，どのような尺度を用いて人材ポートフォリオを捉えるか，つまり人材の類型化の尺度はさまざま考えられるが，本章では企業内の雇用区分の組み合わせとその雇用比率に着目して類型化する。以下では，それを「量的ポートフォリオ」と呼ぶ。

2.2　調査対象と方法

2.2.1　データ①：社員全体

正社員と非正社員を含む社員全体の量的ポートフォリオを分析するために，「働き方に関するアンケート調査」（以下，「働き方に関する管理職調査」）[1]を用いる。

同調査の調査対象は，公務，宗教団体を除く全業種で従業員規模100人以上の民間企業に勤務し，①正社員（一般職レベル），②フルタイム非正社員，③パートタイム非正社員のすべての雇用区分の部下を，各１名以上持つ管理職である。調査の実施時期は2015年２月で，インターネット調査のモニター会員を対象とするWEB調査である。回収数は933人であり，このうち課長以上の管理職（役員は除く）の641人を分析対象とする。

分析対象の主な属性をみると，役職は課長相当職が57.3%，部長相当職が42.7%であり，現在の職場での従事年数は平均13.95年（標準偏差10.05），仕事内容は，「人事・総務・経理・広報」（27.3%）が最も多く，「営業」（21.4%）と「販売・サービス」（11.4%）がこれに続いている。また勤務先企業の属性をみると，業種は，「サービス業（医療・福祉を除く）」(28.2％）と「製造業」(21.2%）が多く，正社員数からみた従業員規模は，「1,000人以上」が33.2%と最も多く，ついで「100人未満」が25.6％である。

2.2.2　データ②：正社員

正社員内部の多様化の実態を明らかにするために用いるデータは，みずほ情報総研株式会社が2014年８月に実施した「多元的な働き方に関するアンケート調査（厚生労働省委託調査)」(以下，「多元的な働き方調査」）の「企業アンケート調査」である。

同調査では，東京商工リサーチの企業データから抽出された全国の民営企業10,000社[2]を対象に郵送配布・郵送回収方式を用いた。全回答企業数は1,915社で，そのうち全設問に対する回答率が６割以上の有効回答企業は，1,782社（有効回答率17.8%）である[3]。

本章では，調査における定義に従い「労働時間」「仕事の範囲」「勤務地」のすべてに限定がない正社員を「無限定正社員」，「労働時間」「仕事の範囲」「勤務地」の１つあるいは複数に限定がある正社員を「限定正社員」とする。さらに，限定正社員のうち所定労働時間がフルタイムではない正社員を「時間限定正社員」，担当する仕事の範囲を職種[4]や，それよりも狭い範囲[5]で限定している正社員を「仕事限定正社員」，勤務地や勤務先の地域を限定している正社員を「勤務地限定正社員」[6]とする。

有効回答企業の主な属性は，「サービス業（医療・福祉を除く）」(20.1%）と「製造業」(20.3%）が多く，正社員数は平均511.11名（標準偏差2298.36)，非正社員比率は平均27.23％（標準偏差24.77)，正社員に占める女性比率は平均24.49％（標準偏差23.06）である。

2.2.3　データ③：非正社員

非正社員内部の多様化の実態を明らかにするために用いるデータは，2014年７月に実施した「多様な働き方に関する調査」[7]である。具体的には，東京商工リサーチの企業データから，第一次産業および公共・宗教関連を除くすべての業種で，従業員数の上位順に抽出された全国の民営企業15,000社に対し，郵送法による質問紙調査を実施した。

調査の回答にあたっては，契約社員，パート，嘱託社員のいずれかを雇用している企業のみに質問紙を返信してもらった。有効回答数は903社（有効回答率6.0%）である。なお，同調査では契約社員，準社員，パートタイマー，アルバイトは企業における呼称に基づいて回答してもらい，嘱託社員は定年後の再雇用者・継続雇用者について回答してもらった。

有効回答企業の主な企業属性は，従業員総数が平均889.9人（標準偏差1486.8），非正社員比率が平均29.6％（標準偏差23.6），正社員に占める女性比率が31.3％（標準偏差23.4）である。業種は製造業が18.3％で最も多く，これに医療・福祉業（15.9％），卸・小売業（15.0％）が続いている。

2.3　職場における量的ポートフォリオ

企業が雇用する社員には多様なグループがあるが，「働き方に関する管理職調査」では，雇用契約と労働時間を基準とした同じ職場で就労する正社員，フルタイム非正社員，パートタイム非正社員の３つの社員グループに着目し，職場を管理する管理職に職場の雇用構成，部下の業務内容と仕事レベルを尋ねている。そこで，本節ではこれらのデータを用いて，職場レベルの量的ポートフォリオの実態を明らかにする。

ただし，以下の結果を検討する際には，同調査における職場とは，管理職である回答者が管理している範囲を指している点，３つの社員タイプの部下が１名以上いる職場のみが集計対象となっている点に注意する必要がある。とくに後者については，西村・守島（2009）によると，正社員と非正社員の雇用区分の組み合わせのうち，非正社員の雇用区分なしの企業は5.3%，１区分の企業は18.9％であることから，以下で紹介する職場タイプ以外にも，正社員のみ，正社員とフルタイム非正社員，あるいは正社員とパートタイム非正社員から構成されている職場の存在が想定される。しかしながら，ここでは正社員，フルタイム非正社員，パートタイム非正社員間の仕事配分，人事管理の相互関係をみるために，前述の職場を分析対象としている。

2.3.1　雇用構成：４つの職場タイプ

まず「働き方に関する管理職調査」を用いて，３つの社員グループ別の雇用構成についてみる。回答者である管理職が管理している職場で就労する正社員，フルタイム非正社員，パートタイム非正社員の合計人数を100とした場合の各社員タイプの割合をみると，正社員が平均55.0%（標準偏差23.9），フルタイム非正社員が平均21.8%（標準偏差16.0），パートタイム非正社員が平均23.2%（標準偏差21.3）である。

さらに，これら雇用比率をクラスター分析することにより，職場でどのような量的ポートフォリオがとられているのかをみる。分析の結果，以下の４つの職場タイプが抽出された（図２-１参照）。タイプ１は，正社員の雇用比率が平均77.5%と非常に高い職場群である（以下，「正社員活用型」）。タイプ２は，パートタイム非正社員の雇用が少なく，正社員とフルタイム非正社員の多い職場群であり（以下，「正社員＋フルタイム非正社員活用型」），タイプ３は，フルタイム非正社員の雇用が少なく，正社員とパートタイム非正社員の多い職場群であり（以下，「正社員＋パートタイム非正社員活用型」）である。タイプ４は，他のタイプに比べてパートタイム非正社員の雇用比率が71.6%と非常に高い職場タイプであり（以下，「パートタイム非正社員活用型」），同タイプの正社員の雇用比率は15.8%と，職場の非正社員５人に対して正社員１人という雇用構成である。なお，これら４つの職場タイプのうち最も多いのは「正社員活用型」であり，全体の約４割（42.6%）を占めている。

この４つの職場タイプと企業属性との関係をみると，業種によってかなりばらつきがみられ，製造業と建設業では「正社員活用型」が６割前後と多い（表２-１を参照）。これらの業種に対して，サービス業と卸・小売業では，「正社員＋パートタイム非正社員活用型」と「パートタイム非正社員活用型」がそれ

図2-1　量的ポートフォリオ（雇用比率）

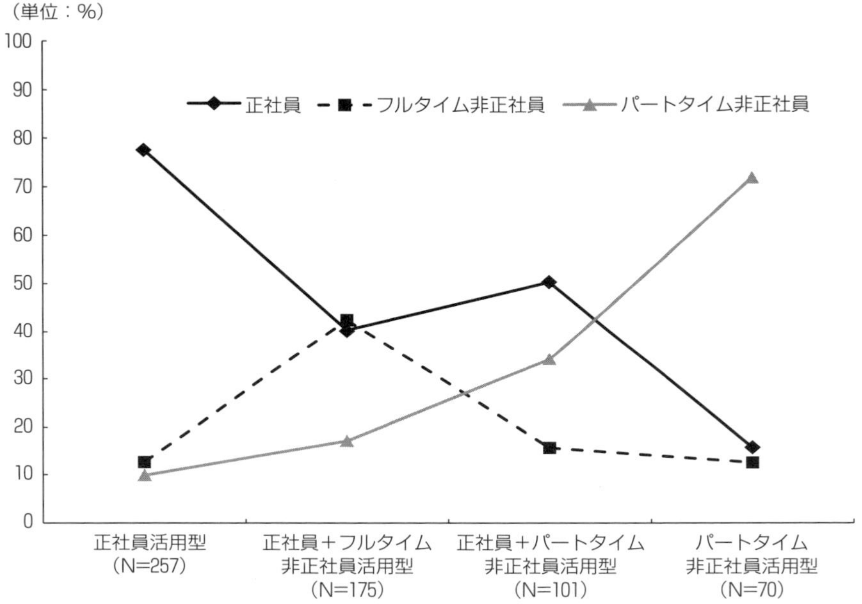

ぞれ約２割程度と多く，他の業種に比べてパートタイム非正社員を積極的に活用する職場が多い。この他，運輸・通信業では「正社員＋フルタイム非正社員活用型」が約3.5割と多く，金融・保険不動産業では「正社員＋パートタイム非正社員活用型」が約２割と多い傾向にある。また正社員数別には，とくに傾向はみられず，労働組合の有無別には，労働組合のある企業の職場では，「正社員活用型」（48.4％）が多く，労働組合のない企業の職場では，「正社員＋パートタイム非正社員活用型」（18.5％）と「パートタイム非正社員活用型」（15.7％）が多いといった特徴が確認できる。

さらに職場の仕事内容との関係をみると，「研究・開発・設計」「情報処理・情報システム」では，「正社員活用型」の割合が６割以上と非常に多い（表2-2参照）。これに対して，「販売・サービス」では，「正社員活用型」は２割を下回り，「パートタイム非正社員活用型」が３割以上と多くなっている。また

表２-１　企業属性別にみた４つの職場タイプ

（単位：％）

		正社員活用型	正社員＋フルタイム非正社員活用型	正社員＋パートタイム非正社員活用型	パートタイム非正社員活用型	合計（件）
全体		42.6	29.0	16.7	11.6	603
業種	建設業	58.1	29.0	6.5	6.5	31
	製造業	65.6	21.6	9.6	3.2	125
	運輸・通信業	46.4	35.7	10.7	7.1	56
	卸・小売業	28.2	29.5	20.5	21.8	78
	金融・保険・不動産業	42.2	31.3	21.9	4.7	64
	医療・福祉業	46.3	31.5	18.5	3.7	54
	サービス業	27.8	30.1	21.6	20.5	176
	その他	42.1	31.6	15.8	10.5	19
正社員数	～99人	37.7	28.4	17.9	16.0	162
	100～299人	49.6	24.4	16.8	9.2	131
	300～999人	41.4	33.1	17.3	8.3	133
	1,000人～	42.9	29.9	15.3	11.9	177
労働組合	ある	48.4	30.1	14.7	6.8	279
	ない	37.7	28.1	18.5	15.7	324

表２-２　職場の仕事内容別にみた４つの職場タイプ

（単位：％）

	正社員活用型	正社員＋フルタイム非正社員活用型	正社員＋パートタイム非正社員活用型	パートタイム非正社員活用型	合計（件）
全体	42.6	29.0	16.7	11.6	603
人事・総務・経理・広報	47.8	29.8	19.9	2.5	161
経営企画・調査	50.0	28.6	9.5	11.9	42
研究・開発・設計	66.0	19.1	10.6	4.3	47
情報処理・情報システム	61.1	25.0	8.3	5.6	36
営業	34.1	28.8	21.2	15.9	132
販売・サービス	18.1	26.4	20.8	34.7	72
生産	51.0	33.3	7.8	7.8	51
運輸・物流	31.8	45.5	4.5	18.2	22
医療・教育等	36.4	36.4	22.7	4.5	22
その他	38.9	27.8	22.2	11.1	18

「運輸・物流」では「正社員＋フルタイム非正社員活用型」が約半数を占めており，正社員と同じ労働時間数で働く非正社員の活用が進んでいる。

2.3.2　職場タイプ別にみた仕事配分

こうした量的ポートフォリオの違いは，その職場でどのような人材をどのように活用したいかといった，職場の人材活用戦略の違いを反映していると考えられる。それぞれのタイプの職場では，各社員グループに対してどのような仕事配分が行われているのか。この点をみるために，以下では，４つの職場タイプ別に正社員（一般職レベル），フルタイム非正社員，パートタイム非正社員の業務内容と仕事レベルを比較する。

まず調査対象全体について，仕事全体を100%とした場合のそれぞれの業務の割合[8]を社員グループ別に示したのが**図2-2**である。この図をみると，正社員（一般職レベル）では，「管理的な業務」（27.3%）と「企画的・専門的な業務」（27.1%）が３割弱と多いものの，「部下や後輩の指導業務」（14.6%），「社外，社内の他部署との調整業務」（14.0%）も1.5割程度あり，これらの業務をバランスよく担っている。それに対して，フルタイム非正社員とパートタイム非正社員は，「企画的・専門的な業務」（フルタイム非正社員30.4%，パートタイム非正社員30.2%）と「その他」（フルタイム非正社員34.7%，パートタイム非正社員43.6%）の割合が非常に多い。なお，同調査では「その他」の具体的な内容を尋ねていないが，ここに挙げられた以外の定型業務，補助的業務等がこれに含まれていると想定される[9]。

次に，以上の業務割合を４つの職場タイプ別に示したものが**表2-3**であり，以下の３点が注目される。第１に，パートタイム非正社員の雇用比率が高い職場（「正社員＋パートタイム非正社員活用型」と「パートタイム非正社員活用型」）で，正社員（一般職レベル）とフルタイム非正社員の管理的な業務の割合が多く，さらに「正社員＋パートタイム非正社員活用型」では，パートタイム非正社員の管理的な業務の割合も多い。第２に，正社員の雇用比率が高い職場（「正社員活用型」と「正社員＋フルタイム非正社員活用型」）では，正社員

図2-2　各業務の割合

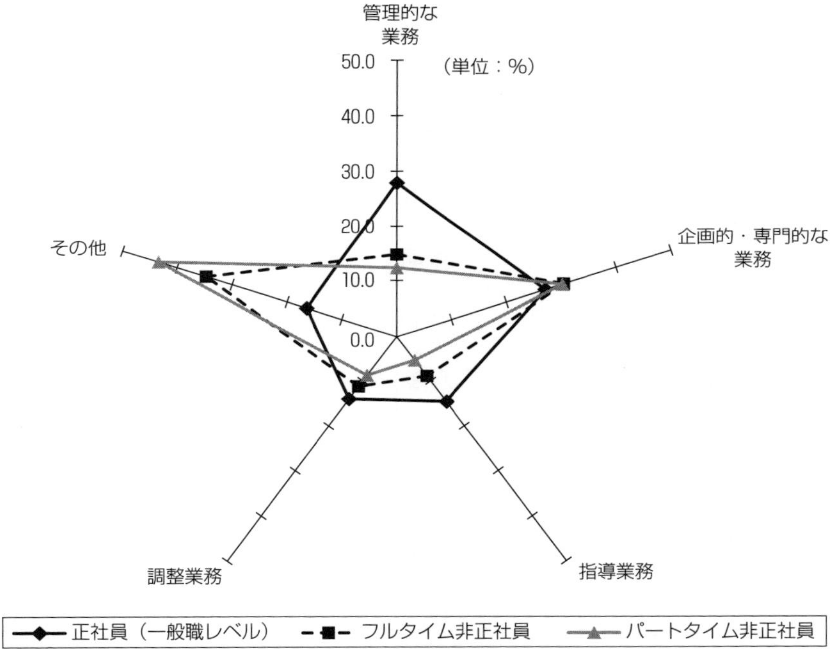

の他部署との調整業務の割合が多く，またフルタイム非正社員とパートタイム非正社員の企画的・専門的な業務の割合が多い。第３に，「パートタイム非正社員活用型」では，正社員（一般職レベル）とフルタイム非正社員の指導業務の割合が多く，フルタイム非正社員，パートタイム非正社員の他部署との調整業務の割合が他の職場タイプに比べて少ない。

さらに「働き方に関する管理職調査」では，フルタイム非正社員とパートタイム非正社員について，担当する仕事レベルが最も高い人と最も低い人を取り上げ，それぞれの仕事レベルを次の方法で調査している。正社員と同等の仕事をしている人がいる場合には，その仕事レベルが正社員のどの等級（ランク）の仕事に対応しているかを回答してもらい[10]，正社員と同等の仕事をしている人がいない場合には，正社員の高卒初任格付けの仕事と比較し，３段階（やや

表2-3　職場タイプ別にみた業務の割合（平均値）

（単位：%）

		管理的な業務	企画的・専門的な業務	指導業務	調整業務	その他
正社員活用型	正社員（一般職レベル）	26.21	28.83	12.61	15.65	16.70
	フルタイム非正社員	12.81	32.30	6.55	13.42	34.93
	パートタイム非正社員	12.55	31.33	3.94	9.95	42.23
正社員＋フルタイム非正社員活用型	正社員（一般職レベル）	26.10	26.76	15.61	14.45	17.09
	フルタイム非正社員	14.92	31.87	10.27	10.55	32.38
	パートタイム非正社員	12.49	31.94	7.29	7.94	40.34
正社員＋パートタイム非正社員活用型	正社員（一般職レベル）	32.14	27.28	13.86	13.54	13.18
	フルタイム非正社員	21.71	24.37	6.80	12.73	34.39
	パートタイム非正社員	19.76	26.94	4.98	8.44	39.88
パートタイム非正社員活用型	正社員（一般職レベル）	33.21	20.86	17.14	12.31	16.47
	フルタイム非正社員	18.29	23.71	12.67	8.46	36.87
	パートタイム非正社員	9.59	26.00	6.10	6.96	51.36

低い＝3，低い＝2，とても低い＝1）で回答してもらっている。

同設問の結果をみると，調査対象の職場全体では，フルタイム非正社員の中で担当する仕事レベルが最も高い人は平均8.1等級（係長・主任担当の1等級下に相当），最も低い人は平均4.8等級（高卒初任と大卒初任の中間レベル）である。同様にパートタイム非正社員をみると，仕事レベルが最も高い人は平均6.4等級（大卒初任の少し上位レベル），最も低い人は3.9等級（高卒初任相当）であり，フルタイム非正社員に比べて仕事レベルは低く，仕事レベルが最も高い人と低い人との差が小さい。

これを職場タイプ別にみると，「正社員＋フルタイム非正社員活用型」でフルタイム非正社員，パートタイム非正社員ともに担当する仕事レベルが高く，「パートタイム非正社員活用型」で低い（図２-３参照）。例えば，フルタイム

図2-3　職場タイプ別の仕事レベル

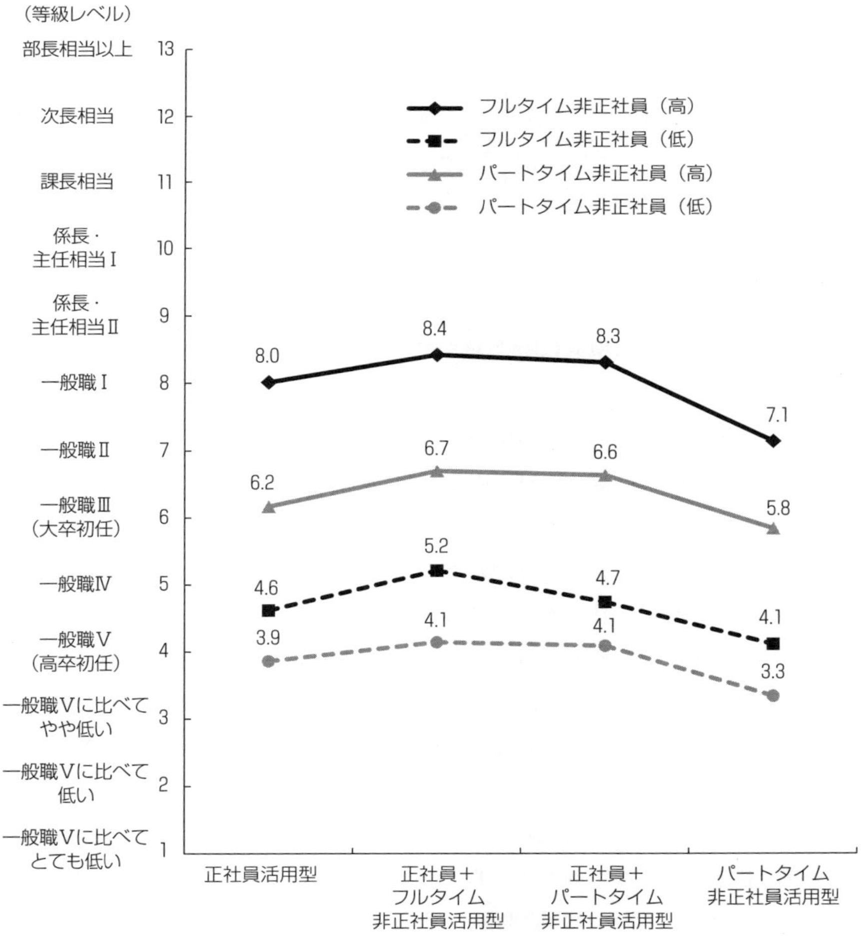

表2-4　職場タイプ別にみた同等の仕事を担当している割合

	正社員と同等の仕事をしているフルタイム非正社員の割合（%）		正社員と同等の仕事をしているパートタイム非正社員の割合（%）		フルタイム非正社員と同等の仕事をしているパートタイム非正社員の割合（%）		合計（件）
	平均値	標準偏差	平均値	標準偏差	平均値	標準偏差	
全体	45.4	33.0	28.0	28.9	30.4	33.2	603
正社員活用型	44.2	33.8	23.5	27.5	29.6	33.6	257
正社員＋フルタイム非正社員活用型	53.1	30.8	26.4	25.3	32.9	34.3	175
正社員＋パートタイム非正社員活用型	43.2	34.1	35.4	30.7	31.8	32.6	101
パートタイム非正社員活用型	33.9	29.7	38.0	35.0	24.9	29.2	70

非正社員の中の担当する仕事レベルが最も高い人に注目すると，「正社員＋フルタイム非正社員活用型」は8.4等級であるのに対して，「パートタイム非正社員活用型」は7.1等級と１等級以上の差がある。

以上のことから，非正社員の担当する仕事レベルの範囲は，正社員の仕事の範囲とかなりの程度重複していることが明らかになったが，それでは，正社員と同等の仕事をしている非正社員はどの程度いるのか。つまり，非正社員と正社員との仕事の重複度合いは量的にどの程度なのか。**表2-4**に示したように，フルタイム非正社員全体，パートタイム非正社員全体をそれぞれ100%とした時の正社員と同等の仕事を担当している者の割合は，調査対象の職場全体では，それぞれ平均45.4%（標準偏差33.0），平均28.0%（標準偏差28.9）であり，またフルタイム非正社員と同等の仕事をしているパートタイム非正社員の割合は，平均30.4%（標準偏差33.2）である。

職場タイプ別には，「正社員＋フルタイム非正社員活用型」では，正社員と同等の仕事をしているフルタイム非正社員の割合が半数を超えているのに対して，「パートタイム非正社員活用型」では，３割強にとどまる。さらに，パートタイム非正社員の雇用比率が高い「正社員＋パートタイム非正社員活用型」「パートタイム非正社員活用型」は，正社員と同等の仕事をしているパートタイム非正社員の割合が多く，パートタイム非正社員の基幹化が進んでいることがわかる。また，「パートタイム非正社員活用型」では，フルタイム非正社員と同等の仕事を担当しているパートタイム非正社員の割合が他の職場タイプに比べて少ない。

2.3.3　量的ポートフォリオの特徴

職場の正社員，フルタイム非正社員，パートタイム非正社員の雇用比率を用いたクラスター分析の結果より，日本企業では，正社員の雇用を中心とする「正社員活用型」の職場が全体の４割と最も多いものの，職場の雇用構成の多様化は確実に進展しており，正社員と非正社員を組み合わせて活用する職場（「正社員＋フルタイム非正社員活用型」「正社員＋パートタイム非正社員活用型」），非正社員を中心に活用する職場（「パートタイム非正社員活用型」）の諸類型が確認された。これらの職場タイプは，業種，職場の仕事内容の影響を受けており，政府統計でも指摘されているように，「卸・小売業」，「サービス業」の販売・サービスの職場で多様化が進んでいる現状にある。

さらに，前述のクラスター分析により抽出された，４つの職場タイプによる仕事管理の違いを分析した結果，以下の３点が確認された。第１に，職場タイプによって各社員グループが担当する業務の構成は異なり，パートタイム非正社員の雇用比率が高い職場では，正社員（一般職レベル）とフルタイム非正社員が管理的な業務や指導業務を，正社員の雇用比率が高い職場では，正社員が他部署との調整業務，非正社員が企画的・専門的な業務を多く担当する等の傾向がみられた。

第２に，非正社員の担当する仕事レベルを正社員と比較してみると，非正社員の多くは正社員の一般職相当の仕事を担当しているが，「正社員＋フルタイム非正社員活用型」では，フルタイム非正社員の担当する仕事レベルが高く，「パートタイム非正社員活用型」では，パートタイム非正社員の担当する仕事レベルが高い。つまり，フルタイム非正社員とパートタイム非正社員のどちらを積極的に雇用するかによって，非正社員に任せる仕事レベルに差がみられる。

第３に，社員グループ間の仕事の重なりを量的な側面からみると，「正社員＋フルタイム非正社員活用型」では，正社員と同等の仕事を担当しているフルタイム非正社員が約半数と多く，「正社員＋パートタイム非正社員活用型」「パートタイム非正社員活用型」といったパートタイム非正社員の雇用比率が高い職場では，正社員と同等の仕事を担当しているパートタイム非正社員が他の職場タイプに比べて多い。つまり，フルタイム非正社員，パートタイム非正社員の非正社員グループにかかわらず，特定グループの非正社員を多く雇用する職場では，正社員と同等の仕事をするそのグループの非正社員が量的に多く，また非正社員の質的基幹化が進んでいることがわかる。

2.4　正社員・非正社員内部の多様化

第３節では，職場の社員全体を対象に量的ポートフォリオの実態をみたが，本節では正社員と非正社員の内部の雇用区分に着目し，それぞれの多様化の現状を確認する。用いるデータは，「2.2　調査対象と方法」で記した「多元的な働き方調査」と「多様な働き方に関する調査」であり，これらのデータは，「2.3　職場における量的ポートフォリオ」で用いた「働き方に関する管理職調査」の個人データ（管理職対象）とは異なり，企業データであることに留意する必要がある。

2.4.1　多様な正社員の雇用実態[11]

まず「多元的な働き方調査」を用いて，多様な正社員の雇用実態についてみる。正社員（雇用の定めのない者）を対象に，２つ以上の社員区分を設けている企業は31.2%，正社員の社員区分数は平均1.59区分（標準偏差1.34）であり，さらに２つ以上の社員区分がある企業に限ると，社員区分数は平均2.83区分（標準偏差1.83）となっている。

表２-５　正社員区分数

		平均値（区分）	標準偏差	合計（件）
全体		1.59	1.34	1,650
業種	建設業	1.54	0.98	132
	製造業	1.53	1.00	342
	電気・ガス・熱供給・水道業	1.50	1.09	14
	情報通信業	1.22	0.55	77
	運輸・郵便業	1.66	1.01	100
	卸売業	1.78	1.57	130
	小売業	1.40	0.77	104
	金融・保険・不動産業	1.66	0.93	95
	教育・学習支援業	1.64	1.25	73
	医療・福祉業	1.81	2.37	246
	その他サービス業	1.52	1.08	326
正社員数	～9人	1.50	1.56	103
	10～50人	1.38	0.80	292
	51～100人	1.56	1.21	310
	101～300人	1.55	1.50	391
	301人～	1.76	1.47	554

注：正社員の社員区分についての設問（限定の種類など）の有効回答企業は1,673社であるが，このうち23社は当該企業が用いる正社員の総区分数の設問に回答していないため，同表の全体の件数が1,650件となっている。

表２-５をみると，業種別には医療・福祉業（1.81区分）と卸売業（1.78区分）で区分数が多く，情報通信業（1.22区分）で少ない。正社員数別には，「～９人」を除くと正社員数が多いほど区分数が多い。なお，本節では調査企業全体を扱うが，正社員区分が複数ある企業については，第３章で詳しくみることとする。

正社員区分に関する設問に回答している1,673社を対象に，正社員区分の導入状況をみると，無限定区分のみ企業が60.1％，無限定区分・限定区分ともにある企業が15.7％，限定区分のみの企業が21.3％の構成である。したがって無限定正社員区分がある企業は75.9%，限定正社員区分がある企業は37.0%となる（**図２-４**参照）。

無限定区分・限定区分の有無による３つの企業タイプと企業属性との関係を示したものが**表２-６**である。業種別には，無限定区分のみの企業は，情報通

図2-4　正社員の社員区分の特徴

有効回答企業数
1,782社

⇩

正社員の社員区分についての設問に回答した企業数
1,673社

⇩

無限定区分あり・限定区分なし企業	1,006社（60.1%）
無限定区分あり・**限定区分あり**企業	263社（15.7%）
無限定区分なし・**限定区分あり**企業	356社（21.3%）
不明	48社　（2.9%）

無限定区分あり企業数
1,269社（75.9%）

限定区分あり企業数
619社（37.0%）

⇩

限定の種類	当該限定区分を持つ企業数
時間	51社　（8.2%）
仕事	257社（41.5%）
勤務地	208社（33.6%）
時間+仕事	17社　（2.7%）
時間+勤務地	11社　（1.8%）
仕事+勤務地	144社（23.3%）
時間+仕事+勤務地	31社　（5.0%）
計	いずれかの限定区分を持つ企業数＝619社

注１：１社で同じ限定正社員区分を２区分以上保有する場合あり。
注２：正社員区分を６つ以上保有する企業は，主たる５区分について回答。
注３：%については，小数点第２位を四捨五入している。そのため，「無限定区分あり企業数」の比率は，「無限定区分あり・限定区分なし企業」と「無限定区分あり・限定区分あり企業」の合計と一致していない。
出所：みずほ情報総研株式会社（2015），p.22を一部改編。

信業（78.2％），小売業（64.8％），その他サービス業（63.1％）で多く，無限定区分・限定区分ともにある企業は，金融・保険・不動産業（33.3％），卸売業（23.1％）で多く，限定区分のみの企業は，教育・学習支援業（36.5％），運輸・郵便業（33.3％），医療・福祉業（30.0％）で多いといった特徴がみられる。正社員数別には，正社員が多いほど，無限定区分・限定区分ともにある企業の割合は多く，逆に限定区分のみの企業の割合は少ない。

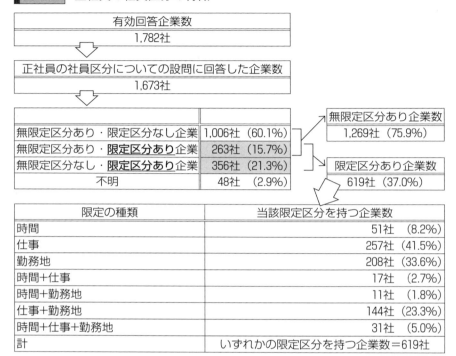

表2-6　無限定区分・限定区分の有無

（単位：%）

		無限定区分あり・限定区分なし企業	無限定区分あり・限定区分あり企業	無限定区分なし・限定区分あり企業	不明	合計（件）
全体		60.1	15.7	21.3	2.9	1,673
業種	建設業	58.6	17.3	24.1	0.0	133
	製造業	59.7	19.4	16.5	4.3	345
	電気・ガス・熱供給・水道業	57.1	14.3	28.6	0.0	14
	情報通信業	78.2	10.3	10.3	1.3	78
	運輸・郵便業	54.9	9.8	33.3	2.0	102
	卸売業	59.0	23.1	14.9	3.0	134
	小売業	64.8	18.1	15.2	1.9	105
	金融・保険・不動産業	52.1	33.3	13.5	1.0	96
	教育・学習支援業	58.1	4.1	36.5	1.4	74
	医療・福祉業	57.3	7.9	30.0	4.7	253
	その他サービス業	63.1	13.7	20.1	3.0	328
正社員数	～9人	57.1	8.6	30.5	3.8	105
	10～50人	62.1	7.0	28.9	2.0	298
	51～100人	64.8	8.3	24.4	2.5	315
	101～300人	65.4	14.5	16.8	3.3	393
	301人～	53.4	26.7	16.9	3.0	562

では，限定正社員区分を設けている企業では，どのようなタイプの限定正社員区分を導入しているのか。**図2-4**は，時間[12]，仕事，勤務地という働き方を限定する3つの限定基準の組み合わせの観点から，企業が導入している限定正社員をタイプ分けしたものであり，7つのタイプが考えられる。

図2-4をみると，「仕事限定」を持つ企業が41.5%で最も多く，これに「勤務地限定」が33.6%，「仕事＋勤務地限定（仕事限定であり，かつ勤務地限定）」が23.3%で続いている。それらに対して，「時間限定」「時間＋仕事限定」「時間＋勤務地限定」「時間＋仕事＋勤務地限定」の時間限定を組み込んだタイプは少ない。

ついで，限定正社員タイプの導入の有無と企業属性との関係を示したものが

表2-7　限定正社員区分タイプの有無

（単位：%）

		時間限定	仕事限定	勤務地限定	時間＋仕事限定	時間＋勤務地限定	仕事＋勤務地限定	時間＋仕事＋勤務地限定	合計（件）
全体		8.2	41.5	33.6	2.7	1.8	23.3	5.0	619
業種	建設業	5.5	43.6	38.2	0.0	1.8	23.6	1.8	55
	製造業	9.7	29.0	43.5	1.6	1.6	24.2	4.0	124
	電気・ガス・熱供給・水道業	16.7	16.7	33.3	0.0	0.0	66.7	16.7	6
	情報通信業	6.3	62.5	37.5	0.0	6.3	6.3	0.0	16
	運輸・郵便業	4.5	59.1	11.4	6.8	0.0	22.7	9.1	44
	卸売業	3.9	39.2	45.1	0.0	0.0	29.4	3.9	51
	小売業	2.9	34.3	51.4	0.0	5.7	22.9	0.0	35
	金融・保険・不動産業	4.4	31.1	64.4	0.0	0.0	20.0	2.2	45
	教育・学習支援業	3.3	70.0	3.3	0.0	3.3	30.0	10.0	30
	医療・福祉業	15.6	49.0	10.4	7.3	1.0	19.8	9.4	96
	その他サービス業	9.0	37.8	34.2	4.5	2.7	23.4	4.5	111
正社員数	～9人	17.1	39.0	26.8	0.0	2.4	19.5	2.4	41
	10～50人	14.0	36.4	17.8	4.7	0.0	26.2	11.2	107
	51～100人	5.8	46.6	21.4	5.8	1.9	22.3	5.8	103
	101～300人	5.7	47.2	28.5	4.1	3.3	27.6	6.5	123
	301人～	6.5	39.2	49.4	0.4	1.6	20.8	1.6	245

表2-7である。まず働き方の限定基準が１つである「時間限定」「仕事限定」「勤務地限定」について，業種別にみると，「時間限定」は電気・ガス・熱供給・水道業（16.7%）と医療・福祉業（15.6%）で，「仕事限定」は教育・学習支援業（70.0%）と情報通信業（62.5%）で，「勤務地限定」は金融・保険・不動産業（64.4%）と小売業（51.4%）で多い。さらに，限定基準が複数の組み合わせからなる限定正社員タイプについてみると，「時間＋仕事限定」は医療・福祉業（7.3%）で，「時間＋勤務地限定」は情報通信業（6.3%）と小売業（5.7%）で，「仕事＋勤務地限定」と「時間＋仕事＋勤務地限定」は電気・ガ

表2-8　全正社員に占める各正社員タイプの雇用比率

（単位：%）

		無限定区分	限定区分					合計（件）
			時間限定	仕事限定	勤務地限定	仕事＋勤務地限定	その他の限定	
全体		74.4	1.0	10.6	4.1	2.8	1.1	1,566
業種	建設業	73.3	1.6	12.5	4.0	3.6	1.4	130
	製造業	77.0	0.9	6.3	5.1	3.4	0.9	316
	電気・ガス・熱供給・水道業	73.2	7.7	3.8	0.2	7.5	0.0	13
	情報通信業	86.7	0.1	7.2	2.6	0.7	0.2	76
	運輸・郵便業	62.9	1.0	21.9	2.3	2.8	1.4	93
	卸売業	76.7	0.1	9.1	4.1	2.7	0.8	127
	小売業	81.3	0.1	9.0	5.9	0.5	0.4	99
	金融・保険・不動産業	75.9	1.4	6.7	8.4	4.5	0.0	91
	教育・学習支援業	65.1	0.0	23.5	1.4	5.9	2.7	70
	医療・福祉業	66.4	1.7	15.6	2.0	2.8	1.8	232
	その他サービス業	77.4	1.1	7.5	4.8	1.7	1.2	308
正社員数	～9人	63.7	3.8	13.1	7.1	3.0	0.8	99
	10～50人	69.6	2.0	9.9	4.4	5.8	2.3	283
	51～100人	73.5	1.1	12.9	2.5	2.2	1.5	298
	101～300人	79.0	0.3	9.7	2.4	2.6	1.1	367
	301人～	76.4	0.3	9.8	5.6	1.5	0.2	519

ス・熱供給・水道業（それぞれ66.7%，16.7%）で多い。このように，業種によって導入している限定正社員タイプにばらつきがみられるとともに，サンプル数が少ないといった問題はあるが，電気・ガス・熱供給・水道業といったインフラ系の業種で，多様な限定正社員の導入が進んでいる。正社員数別には，「時間限定」は50人以下の小規模企業で多い。「勤務地限定」は正社員数が多いほど比率が高く（「～９人」を除く），301人以上では約半数の企業が導入している。これに対して，時間，仕事，勤務地といった３つの限定基準をすべて兼ねている「時間＋仕事＋勤務地限定」は，正社員数が多いほど比率が低い（「～９人」を除く）。

また**表2-8**は，全正社員に占める主要な正社員区分の雇用比率[13]を示したものである。これによると，無限定正社員が平均74.4%と圧倒的に多く，限定正社員はそれほど多くない。限定正社員区分のうち最も多いのは，「仕事限定」の10.6％であり，ついで「勤務地限定」が4.1％，「仕事＋勤務地限定」が2.8％，「その他の限定」が1.1％である。

業種別には，「無限定区分」は情報通信業（86.7%），小売業（81.3％）で多く，限定区分の中の「時間限定」と「仕事＋勤務地限定」は電気・ガス・熱供給・水道業（それぞれ7.7%，7.5%），「仕事限定」は運輸・郵便業（21.9%）と教育・学習支援業（23.5％），「勤務地限定」は金融・保険・不動産業（8.4%）で多いといった傾向がみられ，正社員区分の導入状況と同様に，正社員区分別の社員構成も業種によってかなり異なる。規模別には，正社員数が少ない企業ほど「時間限定」が多いが，その他の正社員区分については，とくに傾向はみられない。

2.4.2　多様な非正社員の雇用実態[14]

「2.4.1　多様な正社員の雇用実態」に続いて，以下では「多様な働き方に関する調査」を用いて，多様な非正社員の雇用実態について確認する。類型およびその呼称は企業によってさまざまだが，非正社員は人事管理上，短時間勤務かフルタイム勤務かといった労働時間数で区分されることが多い。このうち前者を代表するのがパートタイマー，アルバイトであり，後者を代表するのが契約社員，準社員である。さらに，近年，定年後の高齢社員を労働時間数に関係なく嘱託社員として類型化する企業が増加している。そこで本章では，非正社員が「契約社員・準社員（以下，「契約社員」）」「パートタイマー・アルバイト（以下，「パートタイマー」）」「嘱託社員」から構成されていることを前提とし，これら３つのグループの組み合わせから非正社員の雇用実態を捉える。

表2-9に示すように，「多様な働き方に関する調査」では，「すべて雇用」（契約社員，パートタイマー，嘱託社員といった３つの非正社員グループをすべて雇用している企業）が約半数を占める。また２つの非正社員グループを組み合わせて雇用している企業は37.8％で，このうちパートタイマーと嘱託社員

表2-9　非正社員の雇用構成

（単位：%）

		すべて雇用	契約＋パート	契約＋嘱託	パート＋嘱託	契約のみ	パートのみ	嘱託のみ	不明	合計（件）
全体		46.4	10.4	10.7	16.7	2.8	7.0	3.5	2.4	903
業種	製造業	50.3	7.3	15.2	13.9	2.4	3.0	7.3	0.6	165
	情報通信業	39.3	17.9	21.4	3.6	10.7	3.6	3.6	0.0	28
	運輸業	35.7	7.1	8.6	20.0	4.3	10.0	11.4	2.9	70
	卸・小売業	55.6	5.2	9.6	20.7	3.0	5.2	0.7	0.0	135
	金融・保険業，不動産業	33.3	9.5	14.3	35.7	2.4	0.0	2.4	2.4	42
	医療・福祉業	45.1	9.0	2.8	25.0	2.8	11.1	0.0	4.2	144
	教育・学習支援業	58.3	15.0	3.3	10.0	1.7	6.7	1.7	3.3	60
	サービス業	43.9	20.2	6.1	9.6	0.9	11.4	4.4	3.5	114
	その他	46.5	9.4	21.3	9.4	2.4	4.7	2.4	3.9	127
従業員数	300人未満	33.5	11.2	12.4	21.8	2.9	8.2	5.9	4.1	170
	300～500人未満	41.7	9.5	11.7	23.0	1.8	6.4	4.6	1.4	283
	500～1,000人未満	53.9	7.4	12.3	9.5	5.3	8.6	1.2	1.6	243
	1,000人以上	55.0	14.4	7.2	12.8	0.6	3.3	3.3	3.3	180
非正社員比率	10%未満	28.4	7.6	19.4	19.4	4.7	8.1	9.5	2.8	211
	10～20%未満	45.6	6.2	11.9	25.4	2.6	3.6	3.6	1.0	193
	20～50%未満	54.4	9.9	9.5	13.9	1.7	7.5	1.4	1.7	294
	50%以上	54.5	18.5	2.8	9.6	2.2	7.3	0.6	4.5	178

を雇用している「パート＋嘱託」が16.7%と最も多い。さらに，特定の非正社員グループのみ雇用している企業（「契約のみ」「パートのみ」「嘱託のみ」の合計）は13.3%にとどまることから，非正社員を雇用している企業では，複数の非正社員グループを組み合わせて雇用する傾向が確認できる。

ついで，企業属性との関係をみると，業種別には製造業（50.3%），卸・小売業（55.6%），教育・学習支援業（58.3%）は，「すべて雇用」が他の業種に比べて多い。情報通信業は，「契約＋パート」（17.9%），「契約＋嘱託」（21.4%），「契約のみ」（10.7%）が多く，いずれも契約社員が含まれることから，他の業種に比べて契約社員を雇用する傾向が強い。さらに，運輸業は他の業種に比べて「嘱託のみ」（11.4%）が多く，金融・保険業，不動産業は「パート＋嘱託」（35.7%）が多い。サービス業は「契約＋パート」（20.2%），「パートのみ」（11.4%），医療・福祉業は「パート＋嘱託」（25.0%），「パートのみ」（11.1%）が多く，両業種とも他の業種に比べてパートタイマーを雇用する企業が多い。

表2-10 全非正社員に占める各非正社員タイプの雇用比率

		契約社員		パート タイマー		嘱託社員		その他		合計 (件)
		平均値 (%)	標準 偏差	平均値 (%)	標準 偏差	平均値 (%)	標準 偏差	平均値 (%)	標準 偏差	
全体		31.3	33.5	45.8	36.8	19.6	26.6	3.3	12.7	880
業種	製造業	37.0	33.8	27.9	31.2	30.8	30.7	4.3	13.3	164
	情報 通信業	46.6	35.8	24.4	30.2	21.4	28.0	7.7	21.2	27
	運輸業	28.2	35.5	38.7	37.9	30.3	35.4	2.9	11.2	67
	卸・ 小売業	25.8	31.4	54.0	35.9	19.0	23.9	1.1	6.3	132
	金融・ 保険業, 不動産業	21.8	30.4	45.4	35.9	25.6	24.1	7.1	18.2	41
	医療・ 福祉業	25.0	29.9	62.4	31.7	10.2	16.2	2.4	10.0	137
	教育・ 学習支援業	31.2	33.4	56.9	34.9	5.1	7.8	6.9	21.4	59
	サービス 業	26.3	29.9	57.5	35.9	14.7	24.4	1.5	9.9	110
	その他	42.9	36.0	33.9	36.2	19.9	27.7	3.3	13.1	125
従業 員数	300人未満	26.8	31.9	44.1	36.9	24.9	30.3	4.2	13.7	167
	300～500 人未満	30.5	33.0	42.6	35.9	24.0	28.3	2.9	11.6	282
	500～1000 人未満	36.0	34.9	45.4	37.5	15.4	23.1	3.2	12.5	238
	1000人 以上	31.2	33.3	52.1	36.8	13.7	22.4	3.0	14.2	179
非正社 員比率	10%未満	29.5	34.3	33.0	36.7	33.8	33.3	3.7	14.1	206
	10～20% 未満	30.0	32.8	40.0	34.3	27.1	26.5	2.8	11.6	191
	20～50% 未満	35.5	33.5	47.5	35.1	14.1	21.1	2.9	11.9	292
	50%以上	28.6	33.0	63.2	35.4	4.4	10.6	3.8	13.9	177
非正社 員の雇 用構成 別	全て雇用	35.5	26.3	45.7	29.9	16.1	17.7	2.7	10.3	406
	契約＋ パート	46.0	33.5	51.3	33.8	0.0	0.0	2.7	13.8	90
	契約＋ 嘱託	62.6	31.6	0.0	0.0	33.6	30.7	3.8	12.8	96
	パート＋ 嘱託	0.0	0.0	67.4	28.2	29.3	26.3	3.3	11.6	149
	契約のみ	100.0	0.0	0.0	0.0	0.0	0.0	0.0	0.0	25
	パートのみ	0.0	0.0	97.9	11.3	0.0	0.0	2.0	11.3	62
	嘱託のみ	0.0	0.0	0.0	0.0	85.8	31.4	14.2	31.4	32

これらの結果が示すように，どのような非正社員グループを雇用するかは，業種によってかなりばらつきがみられる。従業員数別には，大企業ほど「すべて雇用」が多い。さらに非正社員比率別にみると，同比率が高いほど「すべて雇用」と「契約＋パート」が多く，「契約＋嘱託」と「嘱託のみ」が少ないことから，嘱託社員は，非正社員を積極的に雇用していない企業で雇用される傾向にある。

このように，日本企業は多様な非正社員グループを組み合わせて雇用しているが，それぞれのグループをどの程度雇用しているのか。非正社員全体を100とした場合の各非正社員グループが占める割合（雇用比率）の平均値をみると，調査対象企業全体ではパートタイマーが約半数（45.8%）を占め，契約社員が約3割（31.3%），嘱託社員が約2割（19.6%）である（**表2-10**参照）。

企業属性との関係をみると，業種別には，情報通信業（46.6%）で契約社員，医療・福祉業（62.4%），教育・学習支援業（56.9%），サービス業（57.5%）といったサービス業でパートタイマー，製造業（30.8%）と運輸業（30.3%）で嘱託社員の雇用比率が高い。従業員規模別には，大手企業ほどおおむねパートタイマーの雇用比率が高く，嘱託社員の雇用比率が低い傾向にある。非正社員比率別には，従業員規模別結果と同様に，非正社員比率の高い企業ほどパートタイマーの雇用比率が高く，嘱託社員の雇用比率が低い。

また先述の非正社員の雇用構成との関係をみると，「すべて雇用」ではパートタイマーと契約社員と嘱託社員の雇用比率がおおむね3.5：５：1.5と，調査企業全体に比べて契約社員の雇用比率がやや高く，嘱託社員の雇用比率がやや低い。さらに「契約＋パート」と「契約＋嘱託」の契約社員の雇用比率を比較すると，「契約社員＋嘱託」（62.6%）のほうが「契約社員＋パート」（46.0%）よりも高く，「契約＋パート」と「パート＋嘱託」のパートタイマーの雇用比率を比較すると，「パート＋嘱託」（67.4%）のほうが「契約＋パート」（51.3%）よりも高い。これらに対して嘱託社員の雇用比率は「契約＋嘱託」（33.6%）と「パート＋嘱託」（29.3%）でそれほど差がみられないことから，嘱託社員は，他のどの非正社員グループとの組み合わせで雇用しても雇用比率はそれほど変わらないが，契約社員とパートタイマーは，どの非正社員グループと組み合わせて雇用するかにより雇用比率が異なる。

2.4.3　正社員・非正社員の多様化の特徴

本節では，既存調査データを用いて，正社員と非正社員それぞれに設けられた雇用区分の導入状況を，企業属性別に整理することにより，日本企業における正社員と非正社員の多様化の現状を確認した。

まず，「多元的な働き方調査」の結果より明らかになった正社員の多様化の特徴は，以下の点である。

① 正社員に複数の区分を設けている企業は，全体の約３割，正社員の社員区分数は，平均1.59区分である。

② 正社員の社員区分が無限定正社員区分のみである企業は，約６割，無限定正社員の雇用比率は，約7.5割であり，正社員の多様化は進んでいるものの日本企業では働き方に制約のない正社員が未だ主流である。

③ 正社員をいくつのグループに分けるか，どのような限定基準の正社員区分を設けるか，各正社員タイプをどの程度雇用するか（雇用比率）は，業種によって異なる。

④ 大手企業ほど正社員区分数が多く，無限定正社員区分，限定正社員区分をともに設定している企業が多い。

⑤ 限定正社員区分の主要なグループは，「仕事限定」「勤務地限定」「仕事＋勤務地限定」であり，時間の限定を設ける企業は少ない。

ついで，「多様な働き方に関する調査」の結果より明らかになった非正社員の多様化の特徴は，以下の点である。

① 非正社員を雇用している企業では，複数の非正社員グループを組み合わせて雇用している。

② どのような非正社員グループを積極的に雇用するかは，業種によってかなり異なる。また大手企業や非正社員比率が高いほど，契約社員，パートタイマー，嘱託社員といった３つの非正社員グループを組み合わせて

雇用する傾向が強い。

③　調査企業全体の契約社員，パートタイマー，嘱託社員の雇用比率は，おおむね３：５：２であるが，契約社員，パートタイマー，嘱託社員の３つの非正社員グループをすべて雇用している企業では，3.5：５：1.5である。

④　大手企業また非正社員比率が高い企業ほどパートタイマーの雇用比率が高く，嘱託社員の雇用比率が低い。

⑤　嘱託社員は，他のどの非正社員グループと組み合わせて雇用しても雇用比率はそれほど変わらないが，契約社員とパートタイマーは，どの非正社員グループとの組み合わせで雇用するかによって雇用比率が異なる。

最後に，正社員，非正社員ともに内部の多様化の実態は，業種によってかなり傾向が異なることから，業種別にその特徴を整理する（表2-11，表2-12参照)。

①　製造業では，非正社員内部の多様化が進んでおり，さらに嘱託社員の雇用比率が高い。

②　電気・ガス・熱供給・水道業では，「時間限定」「仕事＋勤務地限定」「時間＋勤務地＋仕事限定」といった多様な限定正社員の区分を設ける企業が多く，またそれらの雇用率も高い。

③　情報通信業では，正社員は無限定正社員のみ雇用が主流であり，非正社員の中では契約社員の雇用に積極的である。

④　運輸（郵便）業では，正社員は限定区分のみを雇用する企業が多く，中でもとくに「仕事限定」の雇用比率が高い。非正社員については，嘱託社員の雇用を積極的に進めている。

⑤　卸・小売業では，非正社員内部の区分の多様化が進んでおり，さらに小売業で正社員は無限定区分のみを雇用する企業が多く，その雇用比率も高い傾向にある。

⑥　金融・保険・不動産業は，「勤務地限定」の雇用に積極的であり，非正社員についてはパートと嘱託社員の組み合わせをとる企業が多い。

表2-11　業種別の特徴一覧（正社員）

	雇用区分の組み合わせ						
	限定/無限定の組み合わせ			限定正社員区分タイプ			
	無限定区分あり・限定区分なし企業	無限定区分あり・限定区分あり企業	無限定区分なし・限定区分あり企業	時間限定	仕事限定	勤務地限定	時間＋仕事限定
建設業							
製造業							
電気・ガス・熱供給・水道業				○			
情報通信業	○				○		
運輸・郵便業			○				
卸売業		○					
小売業	○					○	
金融・保険・不動産業		○				○	
教育・学習支援業			○		○		
医療・福祉業			○	○			○
その他サービス業	○						

注：多い（高い）傾向がみられる業種の欄に「○」を付けている。

表2-12　業種別の特徴一覧（非正社員）

	雇用区分の組み合わせ							雇用比率		
	すべて雇用	契約＋パート	契約＋嘱託	パート＋嘱託	契約のみ	パートのみ	嘱託のみ	契約社員	パート	嘱託社員
製造業	○									○
情報通信業		○	○		○			○		
運輸業							○			○
卸・小売業	○									
金融・保険業，不動産業				○						
医療・福祉業				○		○			○	
教育・学習支援業	○								○	
サービス業		○				○			○	
その他			○							

注：多い（高い）傾向がみられる業種の欄に「○」を付けている。

			雇用比率					
時間＋勤務地限定	仕事＋勤務地限定	時間＋仕事＋勤務地限定	無限定	時間限定	仕事限定	勤務地限定	仕事＋勤務地限定	その他の限定
	○	○		○			○	
○			○					
					○			
○			○					
						○		
					○			

⑦　教育・学習支援業では，正社員は限定区分のみを雇用する企業が多く，とくに「仕事限定」を雇用する企業が多く，その雇用比率も高い。さらに非正社員内部の多様化が進んでおり，パートタイマーの雇用比率も高い。

⑧　医療・福祉業では，正社員は「時間限定」「時間＋仕事限定」といった時間限定要件とした限定正社員区分を導入する企業が多く，非正社員についてはパートタイマーの雇用に積極的である。

以上のように，本節では，主に社員グループの雇用構成の観点から正社員，非正社員それぞれの多様化の実態とその特徴を整理したが，社員グループの多様化の実態を把握するためには，さらに社員グループ間でどのような仕事の配分が行われているのか，合わせてどのような人事管理が行われているかを明らかにする必要がある。この点について，正社員は第３章と第４章，非正社員は第６章にて詳細に検討する。

注

1　本調査は，文部科学省科学研究費補助金（基盤研究（A）「ワーク・ライフ・バランスを実現する企業支援システムと雇用システム」，研究課題番号：24243049，研究代表者：脇坂明）の一環として実施されたものである。

2　業種９カテゴリー（①建設業，②製造業，③電気・ガス・熱供給・水道業，④情報通信業，⑤運輸・郵便業，⑥卸・小売業，⑦金融・保険業，⑧不動産・物品賃貸業，⑨サービス業）と正社員規模４カテゴリー（①10～50人，②51～100人，③101～300人，④301人以上）を軸に計36カテゴリーを設定し，これらのカテゴリーに属する国内全企業数に基づき10,000社を比例配分により抽出した。

3　みずほ情報総研株式会社（2015）では，回答率が６割以上のものを有効回答としていることから，本章でも，それに合わせる形で回答率６割以上のデータを有効回答とする。

4　具体的には，事務職，営業職，生産職，研究開発職等を指す。

5　具体的には，渉外担当事務，内勤営業，外勤営業，金融ディーラー，証券アナリスト，医師，保育士等を指す。

6　「多元的な働き方調査」では，「勤務地を限定しており，転居を伴う異動はない（店舗限定正社員等）」と「勤務先の地域を限定しており，その地域内では転居を伴う異動がある（エリア限定正社員等）」を区分けしているが，本章ではこの２つのタイプをまとめて「勤務地限定」とする。

7 「働き方に関するアンケート調査」と同様に，本調査は，文部科学省科学研究費補助金（基盤研究（A）「ワーク・ライフ・バランスを実現する企業支援システムと雇用システム」，研究課題番号：24243049，研究代表者：脇坂明）の一環として実施されたものである。

8　それぞれ職場の平均的なひとりを思い浮かべて回答してもらう形式をとっている。

9　例えば，JILPT「多様な就業形態に関する実態調査」の「従業員調査」によると，自身の仕事に含まれると考える業務類型を尋ねたところ，正社員では，「定型的な業務」（84.9％），「専門知識・スキルを求められる業務」（84.4％），「意思決定・判断を伴う業務」（75.3％）の割合が多いのに対して，非正規雇用者では，「定型業務」（81.1％）や「補助的業務」（69.9％）の割合が多い。

10　調査の等級レベルは，公益財団法人日本生産性本部が2004年度から2012年度まで毎年実施していた「活用職種別賃金統計」2012年度版に基づき，部長レベル=13等級～一般職Ｖ（高卒初任）＝４等級の10等級を連続変数として設定した。

11　本節は，西岡由美・小曽根由実（2015）「限定正社員の活用が経営成果に及ぼす影響」『経営行動科学学会第18回全国大会報告論集』で掲載された内容の一部に，追加分析の結果を加筆したものである。

12 「多元的な働き方調査」では，育児・介護休業法に基づき，一時的に短時間正社員として取り扱っているグループは調査対象外としている。また，正社員区分に関する設問に回答している1,673社が持つ2,647区分のうち，働き方の特徴を「就業規則で規定かつ労働契約書等で明示している」区分は50.0％，「就業規則あるいは労働契約書等の一方で規定・明示している」区分は23.3％である。

13 「多元的な働き方調査」では，正社員の雇用区分が５つを超える場合には，主たる５つまでについて回答する形式をとっている。そのため，全正社員に占める各正社員グループの合計は必ずしも100%になっておらず，合計の平均は94.0%である。

14 「2.4.2　多様な非正社員の雇用実態」は，西岡由美（2016）「多様な非正社員の人事管理―人材ポートフォリオの視点から―」『日本労務学会誌』第17巻２号で掲載された内容の一部に，追加分析の結果を加筆したものである。

参考文献

阿部正浩（2011）「雇用ポートフォリオの規定要因」『日本労働研究雑誌』第610号，pp.14-27.

今野浩一郎（2010）「雇用区分の多様化」『日本労働研究雑誌』第597号, pp.48-51.

大橋勇雄（2015）「人材ポートフォリオと派遣労働」『日本労働研究雑誌』第664号, pp.87-91.

厚生労働省（2012）『「多様な形態による正社員」に関する研究会報告』.

————（2014）『「多様な正社員」の普及・拡大のための有識者懇談会報告書』.

佐藤博樹（2004）「雇用区分の多元化と賃金管理の課題」『社会政策学会誌』第12号, pp.60-82.

————（2008）「人材活用における雇用区分の多元化と処遇の均等・均衡の課題」『組織科学』第41巻３号，pp.22-32.

佐藤博樹・佐野嘉秀・原ひろみ（2003）「雇用区分の多元化と人事管理の課題─雇用区分間の均衡処遇─」『日本労働研究雑誌』第518号, pp.31-46.

佐野嘉秀（2015）「正社員のキャリア志向とキャリア─多様化の現状と正社員区分の多様化─」『日本労働研究雑誌』第655号, pp.59-72.

島貫智行（2011）「非正社員活用の多様化と均衡処遇─パートと契約社員の活用を中心に─」『日本労働研究雑誌』第607号, pp.21-32.

西岡由美（2015）「働き方の多様化と新しい人事管理─「多様な働き方に関する調査」結果（速報版）報告─」『学習院大学経済経営研究所年報』第29号, pp.103-118.

————（2016）「多様な非正社員の人事管理─人材ポートフォリオの視点から─」『日本労務学会誌』第17巻２号, pp.19-36.

西岡由美・小曽根由実（2015）「限定正社員の活用が経営成果に及ぼす影響」『経営行動科学学会第18回全国大会報告論集』.

西村孝史・守島基博（2009）「企業内労働市場の分化とその規定要因」『日本労働研究雑誌』第586号, pp.20-33.

日本生産性本部雇用システム研究センター編（2012）『活用職種別賃金統計─能力・仕事別賃金の実態─〈2012年度版〉』日本生産性本部生産性労働情報センター.

平野光俊（2009）「内部労働市場における雇用区分の多様化と転換の合理性─人材ポートフォリオ・システムからの考察─」『日本労働研究雑誌』第586号, pp.5-19.

みずほ情報総研株式会社（2015）『多元的な働き方に関する取組の事例集・雇用管理上の留意点に関する周知啓発等事業報告書』(2014年度厚生労働省委託事業).

守島基博（2011）「『多様な正社員』と非正規雇用」*RIETI Discussion Paper*

Series 11-J-057.
労働政策研究・研修機構（2011）『平成22年８月実施JILPT「多様な就業形態に関する実態調査」―事業所調査／従業員調査―』JILPT 調査シリーズNo.86.
――――（2014）『雇用ポートフォリオ編成のメカニズム―定性的分析による実証研究―』労働政策研究報告書No.166.
――――（2017）『非正規雇用の待遇差解消に向けて』第３期プロジェクト研究シリーズ No.１，労働政策研究・研修機構.
Atkinson, J.A.（1985）“Flexibility, Uncertainty and Manpower Management”, *IMS Report*, 89, Brighton：Institute of Manpower Studies.
Baron, J. and Kreps, D.（1999）*Strategic Human Resources：Frameworks for General Managers*, New York：Wiley.
Boxall, P. and Purcell, J.（2015）*Strategy and Human Resource Management：Management, Work and Organisations*, 4 th edition, New York：Palgrave MacMillan.
Cappelli, P.（2008）*Talent on Demand：Managing Talent in an Age of Uncertainty*, Boston：Harvard Business School Press（若山由美訳（2010）『ジャスト・イン・タイムの人材戦略―不確実な時代にどう採用し，育てるか―』日本経済新聞出版社）.
Kang, S.C., Morris, S. and Snell, S.A.（2007）“Relational Archetypes, Organizational Learning, and Value Creation：Extending the Human Capital Architecture”, *Academy of Management Review*, special issue, 32（１）, pp.236-256.
Lepak, D. P. and Snell, S. A.（1999）“The Human Resource Architecture：Toward a Theory of Human Capital Allocation and Development”, *Academy of Management Review*, 24（１）, pp.31-48.
――――（2002）“Examining the Human Resource Architecture：The Relationship among Human Capital, Employment, and Human Resource Configurations”, *Journal of Management*, 28, pp.517-543.

第 I 部

多様な正社員に関する実証研究

第3章 多様な正社員（限定正社員）の特徴と仕事レベル

3.1 雇用区分の多元化

雇用区分とは，効率的・効果的に育成・確保し，活用し，処遇するために，多様な社員を何らかの基準によって，異なる複数の社員グループに分ける仕組みであり（今野・佐藤，2009），正社員・非正社員という雇用区分だけでなく，正社員・非正社員のそれぞれの内部に複数の区分を設ける企業が増加している（佐藤・佐野・原，2003；西村・守島，2009；守島，2011など）。

第２章で示したとおり，「多元的な働き方調査」によると，正社員を対象に２つ以上の雇用区分を設けている企業（以下，「区分企業」）は31.2%，正社員の雇用区分数は平均1.59区分であり，区分企業に限定すると，その区分数は平均2.83区分である。佐藤・佐野・原（2003）では，区分企業が55.9%，区分企業の雇用区分数は平均2.2区分であることから，回答企業の企業規模が大幅に異なること[1]を考慮したとしても，区分企業の割合は，10年余り前に比べて増加しているとはいえず，逆に減少傾向にある。しかしながら，区分企業ではその区分数が増加しており，正社員の雇用区分のあり方は，二極化している可能性がうかがえる。このように正社員を１つのグループにまとめて管理する企業（以下，「非区分企業」）が増加する一方で，区分企業では区分の多元化が進んでいるが，区分企業や各区分の特徴を整理した研究は少なく，どのような企業で区分の多元化が進んでいるのか，それぞれの区分に，どのような人事管理上の特徴があるのかの実態はよくわかっていない。

また，雇用区分の基準は，社員の多様性をどのように捉えるかに依存する（今野・佐藤，2009）。そのため区分企業は，仕事内容，企業が期待する働き方などの何らかの合理的な基準に基づいて，異なる正社員区分にグループ分けしているはずであるが[2]，こうした企業では，各区分間でどのような仕事の配分を行っているのか。

そこで本章では，みずほ情報総研株式会社の「多元的な働き方調査」を用いて，第１に，区分企業および多様な限定正社員タイプの特徴を明らかにする。第２に，限定正社員タイプの特徴のうち，とくに仕事レベルに着目し，各タイプが担う仕事レベルの規定要因について検討する。

3.2　正社員区分企業の特徴

「多元的な働き方調査」の有効回答企業数は1,782社であるが，このうち正社員の雇用区分の導入状況を回答している企業（以下，正社員区分の有効回答企業）は1,673社であるため，以下では，1,673社のデータを用い，区分企業の特徴を企業属性および経営状況の観点から整理する。

まず**表３-１**をみると，「金融・保険・不動産業」で非区分企業に比べて区分企業が7.4%とやや多い傾向がみられるものの，業種による差はほとんどみられない。次に労務構成をみると，区分企業は，社員数については正社員数が平均757.09人，非正社員数が平均490.87人と，いずれも非区分企業に比べて多いものの，女性比率，非正社員比率はほぼ同水準である（**表３-２**参照）。さらに設立年は，区分企業では1969年以前に設立された企業が53.1％と多く，労働組合の有無は，区分企業のほうが労働組合のある企業が39.6％と多い（**表３-３**，**表３-４**参照）。また経営状況との関係をみると，３年前と直前の事業年度を比較したときの売上高の増減は，区分企業のほうが非区分企業に比べて増大傾向にあり，同様に売上高についての今後の見通しも，区分企業のほうが増大傾向が強い（**表３-５**，**表３-６**参照）。

表3-1　業　種

（単位：％）

	建設業	製造業	電気・ガス・熱供給・水道業	運輸・通信業	卸・小売業	金融・保険・不動産業	医療・福祉業	その他サービス業	不明	合計（件）
全体	7.9	20.6	0.8	10.8	14.3	5.7	15.1	24.0	0.7	1,673
区分企業	8.3	19.4	0.7	9.7	15.5	7.4	14.2	23.6	1.3	556
非区分企業	7.8	21.2	0.9	11.3	13.7	4.9	15.6	24.3	0.4	1,117

表3-2　労務構成

	正社員数（人）			非正社員数（人）			女性比率（%）			非正社員比率（%）		
	平均値	標準偏差	件数	平均値	標準偏差	件数	平均値	標準偏差	件数	平均値	標準偏差	件数
全体	514.74	1671.45	1,636	291.92	1,232.78	1,567	29.15	22.85	1,635	26.79	24.56	1,566
区分企業	757.09	2089.56	546	490.87	1,910.92	524	29.80	22.69	545	26.07	24.48	524
非区分企業	393.34	1401.83	1,090	191.98	649.06	1,043	28.83	22.93	1,090	27.15	24.60	1,042

表3-3　設立年

（単位：％）

	1969年以前	1970年代	1980年代	1990年代	2000年代	2010年以降	不明	合計（件）
全体	46.9	14.4	12.7	12.4	10.2	2.6	0.8	1,673
区分企業	53.1	11.5	11.7	11.0	9.7	2.2	0.9	556
非区分企業	43.8	15.8	13.2	13.2	10.5	2.8	0.7	1,117

表3-4　労働組合の有無

（単位：％）

	ある	ない	不明	合計（件）
全体	37.1	62.1	0.8	1,673
区分企業	39.6	59.0	1.4	556
非区分企業	35.9	63.7	0.4	1,117

表3-5 売上高の推移（3年前との比較）

（単位：%）

	増えた	やや増えた	ほぼ横ばいである	やや減少した	減少した	設立3年未満のため回答不可	不明	合計（件）
全体	24.1	25.8	20.4	12.9	12.8	0.9	3.0	1,673
区分企業	27.2	26.8	18.2	12.6	10.3	0.7	4.3	556
非区分企業	22.6	25.3	21.6	13.1	14.1	1.0	2.3	1,117

表3-6 売上高の今後の見通し

（単位：%）

	増える	やや増える	ほぼ横ばいで推移する	やや減少する	減少する	不明	合計（件）
全体	10.8	27.1	38.2	14.2	6.2	3.5	1,673
区分企業	12.2	29.9	34.4	13.3	5.0	5.2	556
非区分企業	10.0	25.8	40.1	14.6	6.8	2.7	1,117

これらの結果から，企業規模が大きく，設立年数が古く，労働組合がある企業ほど正社員内部に複数の雇用区分を設ける傾向にあり，そういった企業ほど売上高が良好で，今後の売上見通しも明るいことがわかる。

3.3 限定正社員タイプの特徴

3.3.1 限定正社員タイプ

では，区分企業が持つ正社員区分には，どのようなタイプがあるのか。第2章で示したとおり，正社員区分の有効回答企業1,673社のうち，いずれの限定もない正社員区分（以下，「無限定区分」）を持つ企業は1,269社（75.9%）である。これに対して，時間，仕事，勤務地[3]のいずれかの限定がある正社員区分（以下，「限定区分」）を持つ企業は619社（37.0%）である。

さらに「3.2 正社員区分企業の特徴」で用いた正社員区分の導入状況との関係をみると，正社員区分が1つしかない非区分企業のうち，その区分が「無

表3-7　無限定区分と限定区分を持つ企業の割合

（単位：％）

	無限定区分	限定区分
全体	75.9	37.0
区分企業注1	56.5	90.7
非区分企業注1，2	85.5	10.2

注１：無限定区分と限定区分の両方を持つ企業があるため，両区分の合計は100％を超えている。
注２：非区分企業には，この他に「不明」（4.3％）が含まれる。

限定区分」である企業は85.5％，「限定区分」である企業は10.2％であり，無限定正社員はおらず，限定正社員しかいない企業が１割程度となっている（**表3-7**参照）。一方，正社員に複数の区分を設ける区分企業をみると，「限定区分」を持つ企業が90.7％であるのに対して，「無限定区分」を持つ企業は６割未満であることから，正社員内部に複数の区分を設ける際には，「無限定区分」と「限定区分」といった組み合わせのみでなく，「限定区分」と「限定区分」の組み合わせを選択する企業も多いことがわかる。

次に，時間，仕事，勤務地という働き方を限定する３つの限定基準の組み合わせの観点から，企業が設定している限定正社員区分を分類すると**表3-8**になる。３つの基準を組み合わせると，限定正社員区分には７つのタイプが考えられるが，このうち最も多いのは「仕事限定」（257社，481区分[4]）であり，これに「勤務地限定」（208社，242区分），「仕事＋勤務地限定（仕事限定であり，かつ勤務地限定）」（144社，225区分）が続いている。

そこで，以下の集計では，主要な４タイプ（「勤務地限定」，「仕事限定」，「仕事＋勤務地限定」，「時間限定」）に「その他の限定」（「勤務地＋時間限定」「仕事＋時間限定」「勤務地＋仕事＋時間限定」の合計）を加えた５タイプに分類し，限定正社員タイプの特徴をみる。なお，ここでの分析の狙いは，限定正社員タイプ別の特徴を明らかにすることであるため，企業ベースではなく，限定正社員区分ベースの分析を行う。また「多元的な働き方調査」では，限定正社員の活用状況等について企業に最大２つの区分を取り上げ回答してもらうという設問方式をとっており，**表3-8**の右欄にある活用状況等の有効回答791区

表3-8　正社員区分の内訳

		区分数注1	左記の区分を持つ企業数	活用状況等の有効回答区分数
限定区分	時間	55区分	51社	43区分
	仕事	481区分	257社	307区分
	勤務地	242区分	208社	203区分
	時間＋仕事	31区分	17社	14区分
	時間＋勤務地	13区分	11社	10区分
	仕事＋勤務地	225区分	144社	158区分
	時間＋仕事＋勤務地	48区分	31社	24区分
	不明	—	—	32区分注2
合計		1,095区分	619社	791区分

注１：正社員区分を６つ以上保有する企業は，主たる５区分について回答。
注２：回答内容が，どの区分に対するものであるかが特定できていない区分数。
注３：１社で同じ限定正社員区分を２区分以上保有する場合あり。
出所：みずほ情報総研株式会社（2015），p.22を一部改編。

分を，以下の分析対象とする。

3.3.2　限定正社員の特徴

先行研究では，労働者を対象としたアンケート調査を用いて年齢，性別，勤続年数，家族構成等の個人属性を中心に限定正社員の特徴が明らかにされてきたが，本章では企業アンケート調査を用いることにより，限定正社員として働く人の特徴ではなく，雇用区分としての限定正社員の特徴を明らかにしたい。具体的には，限定正社員区分の特徴を，①区分の導入状況（導入時期，導入目的），②区分に属する限定正社員の属性（男女別構成，主な年齢層），③当該区分になる前の社員特性（以下，「入区分ルート」），④限定正社員が担当する仕事（仕事内容，仕事レベル），⑤人員推移（３年前と比較した場合の当該限定正社員数の割合の変化，定着状況）の５つの面からみる。

まず，みずほ情報総研株式会社（2015）を参考に，791区分全体の傾向を確認すると[5]，限定区分を初めて導入した時期は「1990年より前」が約４割（39.8％）と多い。導入目的（複数回答）は，「人材の定着を図るため」が50.3%と最も多く，これに「優秀な人材を確保するため」（36.8%），「高度な業務・専門的な業務を担当する人材を処遇するため」（34.8%）が続いている。

区分に属する限定正社員の属性についてみると，年齢層は30歳代（30.6%）と40歳代（32.7%）が中心であり，男女の構成比は「ほとんどが男性である」＋「男性のほうが多い」が50.4%であるのに対して，「ほとんどが女性である」＋「女性のほうが多い」が41.1%と，男性のほうがやや多い傾向にある。入区分ルート（複数回答）では，「中途採用者」（76.6%）が「新卒採用者」（54.4%）より多く，また「フルタイム正社員からの転換者」も３割弱（27.4%）いる。

さらに，担当する仕事内容（複数回答）をみると，「事務」が５割以上（52.2%）と最も多く，この他に「専門的な仕事」（34.4%），「営業」（23.8%），「生産工程・技能」（21.9%）が２割以上となっている。仕事レベル[6]は，無限定正社員と「同程度」が42.7%と最も多く，これに「やや低い」（28.6%），「低い」（10.3%）が続いている。

３年前と比較した場合の全正社員に占める当該区分の限定正社員数の割合は，「ほぼ変わらない」が６割以上（64.9%）であるが，高くなった区分（「高くなった」＋「やや高くなった」の合計17.7%）のほうが，低くなった区分（「低くなった」＋「やや低くなった」の合計11.0%）を上回ることから，限定正社員数の割合は，どちらかといえば増加傾向にあるといえる。無限定正社員と比較した場合の定着状況は，「同程度」が約６割（61.1%）と多く，「高い」（19.9%）が「低い」（14.0%）をやや上回っている。

3.3.3　限定正社員タイプ別の特徴

表3-9は，前述の５つの限定正社員タイプの特徴を整理したものである。同表から各限定正社員タイプの特徴を抽出すると，以下のようになる。

「勤務地限定」の特徴は，区分の導入時期は他のタイプより遅く，2000年以降が過半数を占めており，人材の定着に加え，ワーク・ライフ・バランス（以下，「WLB」）の実現を目的に区分を導入している企業が多い。同タイプは，30歳代と40歳代が中心であり，中途採用や新卒採用といった外部からの採用者のほかにフルタイム非正社員からの転換者も含まれる。担当する仕事内容は，

表3-9　限定正社員タイプ別の特徴

		勤務地限定	仕事限定
導入状況	導入時期	「2000年以降」が過半数（53.7）	「1990年より前」が過半数（52.8）
	導入目的（複数回答）第１位①，第２位②	①人材の定着を図るため（62.1），②WLBを実現するため（61.1）	①高度な専門人材を処遇するため（46.2），②人材の定着を図るため（38.9）
属性	男女別構成	—	男性が多い（「ほとんど男性」34.5，「男性のほうが多い」が26.4）
	主な年齢層	30歳代（33.0）と40歳代（34.5）がほぼ同程度	40歳代が多い（36.5）
入区分ルート（複数回答）第１位①，第２位②，第３位③		①中途採用者（70.9），②新卒採用者（61.3），③フルタイム非正社員からの転換者（34.7）	①中途採用者（83.6），②新卒採用者（59.9），③フルタイム非正社員からの転換者（26.0）
担当する仕事	仕事内容（複数回答）第１位①，第２位②，第３位③	①事務（68.7），②営業（37.3），③生産工程・技能（31.3）	①事務（46.7），②専門的な仕事（36.2），③営業（23.0）
	仕事レベル	「無限定正社員と同程度」が６割弱（57.3）	「無限定正社員より高い」が約３割（高い17.2＋やや高い12.4）
人員推移	限定正社員数の割合の変化（３年前との比較）	減少傾向が約1.5割（低くなった3.0＋やや低くなった11.3）	—
	定着状況	「無限定正社員と同程度」が約７割（71.3）	「無限定正社員より低い」が約２割（21.5）

（単位：%）

仕事＋勤務地限定	時間限定	その他の限定
「1990年より前」が多い（41.8）	「2000年以降」が過半数（51.2）	—
①人材の定着を図るため（54.4），②優秀な人材を確保するため，高度な専門人材を処遇するため（38.6）	①人材の定着を図るため（57.1），②WLBを実現するため（45.2）	①人材の定着を図るため（59.6），②優秀な人材を確保するため（51.1）
—	女性が多い（「ほとんど女性である」30.2，「女性のほうが多い」34.9）	—
—	30歳代が多い（39.5）	30歳代が多い（39.6）
①中途採用者（81.4），②新卒採用者（59.6），③フルタイム非正社員からの転換者（30.8）	①中途採用者（60.0），②無限定正社員からの転換者（27.5），③パートタイム非正社員からの転換者（22.5）	①中途採用者（72.9），②新卒採用者（33.3），③無限定正社員からの転換者（20.8）
①事務（54.1），②専門的な仕事（33.1），③生産工程・技能（20.4）	①専門的な仕事（52.4），②事務（38.1），③サービス（23.8）	①事務，専門的な仕事（44.7），③営業，サービス（17.0）
「無限定正社員より低い」が５割超（低い18.4＋やや低い34.7）	「無限定正社員と同程度」が5.5割（56.8）	「無限定正社員より高い」が約３割弱（高い13.2＋やや高い15.8）
—	増加傾向が３割超（高くなった11.6＋やや高くなった20.9）	増加傾向が２割強（高くなった12.5＋やや高くなった10.4）
—	—	「無限定正社員より高い」が4.5割（45.7）

「事務の仕事」が７割弱と圧倒的に多いが，「営業の仕事」「生産工程・技能の仕事」も他のタイプに比べて多く，仕事レベルは，「無限定正社員と同程度」が６割弱と多く，無限定正社員と同程度のレベルに設定するのが主流のようである。さらに定着率は，「無限定正社員と同程度」が約７割と多いが，人数は３年前に比べて減少傾向にある区分が他の限定正社員タイプに比べてやや多い。

つぎに，「仕事限定」の特徴をみる。同タイプは，1990年以前導入開始が半数以上と，かなり早い時期から，高度な業務・専門的な業務を担当する人材の処遇や定着を目的に導入されている。「仕事限定」の正社員は，他の限定正社員タイプに比べて男性，40歳代が多く，入区分ルートとしては，「勤務地限定」と同様に中途採用や新卒採用といった外部採用者のほかにフルタイム非正社員からの転換者が多い。担当する仕事内容の上位３つは，「事務の仕事」，「専門的な仕事」，「営業の仕事」である。仕事レベルは，「無限定正社員より高い」が約３割と多く，高度な業務を担当していることがわかる。定着状況は，「無限定正社員より低い」が約２割と多く，導入目的に反して高度な業務や専門的な業務を担当する限定正社員の定着を図ることの難しさがうかがえる。

「仕事＋勤務地限定」の導入時期は，1990年以前が多く，人材の定着，優秀な人材の確保，高度な業務・専門的な業務を担当する人材の処遇を目的に導入されている。年齢や性別からみた属性に特徴はみられず，入区分ルートも勤務地限定，仕事限定と同傾向である。仕事内容は，「事務の仕事」，「専門的な仕事」，「生産工程・技能の仕事」が上位であるが，仕事レベルは，他のタイプに比べて低い傾向にある。

「時間限定」は，「勤務地限定」と同様に，2000年以降に人材の定着やWLBの実現を目的に導入されたタイプである。同タイプは30歳代の女性が多く，中途採用者や無限定正社員からの転換者に加えて，パートタイム非正社員からの転換者も多い。仕事内容は，「専門的な仕事」，「サービスの仕事」が他のタイプに比べて多く，逆に「事務の仕事」が少ない。仕事レベルは，無限定正社員と同程度が半数以上を占め，過去３年間の当該タイプの社員は増加傾向にある。

「その他の限定」には，多様なタイプが含まれるが，共通するのは２つもしくは３つといった複数の限定要件があることである。導入目的は，人材の定着や優秀な人材の確保が上位である。年齢層は30歳代が多く，中途採用と新卒採用の外部採用者以外に，無限定正社員からの転換者がいる場合が多い。仕事内容は，「事務の仕事」や「専門的な仕事」が主流であり，「営業の仕事」や「サービスの仕事」を担当する社員もいる。仕事レベルは，「無限定正社員より高い」が他の区分より多い。３年前と比較して当該タイプの限定正社員数は増加傾向にあり，また定着状況も「無限定正社員より高い」が4.5割とよい。

3.4　仕事レベルの分析方法

限定正社員タイプごとの特徴は，「3.3　限定正社員タイプの特徴」で整理したとおりだが，以下では，それぞれのタイプが担当する仕事レベルに着目したい。なぜなら，要員管理を行う上で，各区分の社員がどの程度の仕事を担うかを把握することは重要であり，企業内の無限定正社員の仕事を別の区分の社員と分離・統合することが，企業内の人材ポートフォリオの要諦だからである。さらに仕事レベルは，賃金水準とも関連性が強いことから[7]，担当する仕事レベルは，各限定正社員タイプの処遇を決定づける要因の１つとなる。そこで，本章では各限定正社員タイプの仕事レベルに着目し，その規定要因について検討したい。

3.4.1　限定正社員タイプ別の仕事レベル

限定正社員タイプごとの仕事レベルの特徴は**表３-９**で示したが，その詳細は**表３-10**である。指数をみると，全体では2.75点と限定正社員は無限定正社員よりわずかに低いレベルの仕事を担当していることがわかる。これを限定正社員タイプ別にみると，最も指数が高いのは「その他」の3.08点であり，ついで「時間限定」（3.03点），「仕事限定」（3.01点）となっており，これらの区分では，無限定正社員とほぼ同程度の仕事を担当していることがわかる。

逆に最も低いのは，「仕事＋勤務地限定」の2.51点と「勤務地限定」の2.55点

表3-10　限定正社員区分別の仕事レベル

（単位：%）

	低い	やや低い	同程度	やや高い	高い	不明	合計（件）	指数（点）
全体	10.1	29.0	42.5	8.2	8.2	2.0	503	2.75
勤務地限定	9.7	29.2	57.3	2.7	0.5	0.5	185	2.55
仕事限定	8.3	29.7	31.0	12.4	17.2	1.4	145	3.01
仕事＋勤務地限定	18.4	34.7	28.6	7.1	8.2	3.1	98	2.51
時間限定	2.7	16.2	56.8	13.5	5.4	5.4	37	3.03
その他	5.3	23.7	36.8	15.8	13.2	5.3	38	3.08

注：指数は「高い」を5点，「やや高い」を4点，「同程度」を3点，「やや低い」を2点，「低い」を1点とし，合計から「不明」を除いた件数で除した値。

である。両区分の共通の特徴として，①フルタイム非正社員からの転換者が多い，②「事務の仕事」と「生産工程・技能の仕事」が多いことが挙げられることから，労働時間に制約のない事務や生産工程・技能に従事する非正社員の正社員への転換先として用いられる傾向が強い区分である。

3.4.2　変数の説明

前述のとおり，限定正社員タイプによって担当する仕事レベルは異なるが，仕事レベルは，どのような要因によって決まるのか。どのタイプの限定正社員にどのレベルの仕事を任せるかは，人材ポートフォリオの問題であり，人材ポートフォリオは，どういった戦略目標を達成するために（導入状況），どういった人材を調達するか（入区分ルート）に依存する。また，一般職は主として事務を担当するというように（労働政策研究・研修機構，2013）[8]，限定正社員タイプによってはあらかじめ仕事内容が規定されており，それが当該タイプが担当する仕事レベルに影響を及ぼしている可能性がある。そこで，本章では限定正社員タイプの導入状況，入区分ルート，仕事内容が仕事レベルに影響を及ぼすという仮説に基づき，分析を進める。分析にあたり設定した変数は，以下のとおりである。

従属変数は，無限定正社員と比較した場合の当該限定正社員区分が担当する平均的な仕事レベルである。具体的には，無限定正社員と比較して「高い」を５点，「やや高い」を４点，「同程度」を３点，「やや低い」を２点，「低い」を１点とした。

独立変数は，導入状況，入区分ルート，仕事内容に関する変数である。まず区分の導入状況については，導入時期（「1990年より前」＝1，「1990年～1999年」＝2，「2000年～2009年」＝3，「2010年以降」＝4）と導入目的を変数として設定した。このうち導入目的は，**表3-9**で各タイプの上位２つに挙げられた「優秀な人材を確保するため」「人材の定着を図るため」「高度な業務・専門的な業務を担当する人材を処遇するため」「従業員のWLBを実現するため」の４項目を，それぞれダミー変数（該当する=1，該当しない=0）として設定した。入区分ルートは，「新卒採用者」，「中途採用者」，「無限定正社員からの転換者」「フルタイム非正社員からの転換者」「パートタイム非正社員からの転換者」の５項目のダミー変数（該当する=1，該当しない=0）を，仕事内容は，**表3-9**で各限定正社員タイプの上位３つに挙げられた「事務の仕事」「営業の仕事」「サービスの仕事」「生産工程・技能の仕事」「専門的な仕事」の５項目のダミー変数（該当する=1，該当しない=0）を用いた。

コントロール変数としては，男女別構成（「ほとんどが男性である」＝1，「男性のほうが多い」＝2，「男性・女性がほぼ同数である」＝3，「女性のほうが多い」＝4，「ほとんど女性である」＝5）と年齢層（主な年齢層が「～20歳代」＝1，「30歳代」＝2，「40歳代」＝3，「50歳代～」＝4）といった区分の属性に関わる変数を設定した。分析に用いた変数の平均値，標準偏差と変数間の相関係数は，**付表1**のとおりである。

3.5　限定正社員が担う仕事レベルの規定要因

分析手法は，担当する仕事レベルを従属変数，区分の導入状況，入区分ルートと仕事内容を独立変数，区分の属性をコントロール変数とする重回帰分析である。分析は，第１段階として限定正社員全体，第２段階として限定正社員タイプ別（勤務地限定，仕事限定，勤務地＋仕事限定）に分析した。なお，データ件数が少ないことから「時間限定」と「その他」は分析対象外とした。

分析結果は，**表3-11**に示したとおりである。第1に，限定正社員全体の分析結果をみると，導入状況については，導入目的の「高度専門人材の処遇」で有意な正の影響を示した。仕事内容では，「営業の仕事」「専門的な仕事」で有意な正の影響，「フルタイム非正社員からの転換者」と「事務の仕事」「生産工程・技能の仕事」で有意な負の影響を示した。これは，①高度な業務・専門的な業務を担当する人材を処遇するために限定正社員区分を導入し，限定正社員が営業や専門的な仕事を担当する場合には，担当する仕事レベルは高いこと，②逆に非正社員からの転換先として限定正社員区分を活用し，転換後に非正社員時の延長線上の事務や生産工程・技能の仕事を担当させる場合には，無限定正社員に比べて限定正社員の担当する仕事レベルは低くなることを示唆している。また，コントロール変数として設定した男女別構成で有意な負の影響が確認されたことから，限定正社員は女性が少ないほうが仕事レベルは高くなる。

第2に，「勤務地限定」の分析結果をみると，導入状況は導入目的の「人材の定着」で有意な正の影響を，「人材の確保」で有意な負の影響を示すとともに，導入時期で有意な正の影響を示した。また，入区分ルートの「無限定正社員からの転換者」（10％水準），仕事内容の「営業の仕事」「サービスの仕事」で有意な正の影響を示し，「事務の仕事」で有意な負の影響を示した。つまり，無限定正社員の定着を目的に，勤務地限定正社員区分を導入するほうが仕事レベルは高くなること，営業やサービスという顧客との直接的な対応が求められる仕事に就いている場合には，勤務地という限定要件があったとしても高いレベルの仕事が任されることが示唆された。なお，10％水準ではあるものの，男女別構成と年齢構成でも統計的に有意な影響があり，女性が少なく，年齢層が高いほうが勤務地限定正社員の担当する仕事レベルは高くなる。

第3に，「仕事限定」の分析結果をみると，導入状況では，導入目的の「WLBの実現」が仕事限定正社員の担当する仕事レベルに有意な正の影響を示した。さらに，仕事内容の「営業の仕事」が有意な正の影響（10％水準），入

表3-11　重回帰分析結果（従属変数：担当する仕事レベル）

		限定正社員全体		勤務地限定		仕事限定		仕事＋勤務地限定	
		β	標準誤差	β	標準誤差	β	標準誤差	β	標準誤差
（定数）		3.123***	.253	2.291***	.319	3.091***	.602	3.552***	.632
労務構成	男女別構成	−.199***	.035	−.170*	.046	−.086	.083	−.274*	.093
	年齢層	.026	.049	.130*	.060	.022	.116	.138	.109
導入時期		−.022	.040	.175**	.046	−.031	.100	−.202*	.093
導入目的	人材の確保	−.038	.100	−.202**	.118	.120	.242	.030	.247
	人材の定着	.027	.096	.175**	.114	−.136	.232	−.098	.227
	高度専門人材の処遇	.206***	.107	.069	.149	.161	.235	.043	.242
	WLBの実現	.062	.097	.057	.108	.244**	.307	.092	.234
入区分ルート	新卒採用者	−.047	.098	−.092	.118	.055	.236	.128	.241
	中途採用者	−.041	.100	.041	.117	.029	.237	−.228**	.255
	無限定正社員からの転換者	.025	.104	.141*	.112	−.147	.253	.095	.310
	フルタイム非正社員からの転換者	−.146***	.104	−.090	.117	−.246**	.289	−.111	.241
	パートタイム非正社員からの転換者	.003	.129	−.027	.151	−.055	.314	−.105	.316
仕事内容	事務の仕事	−.142***	.106	−.202**	.129	−.176	.296	−.263*	.302
	営業の仕事	.126***	.117	.188**	.121	.160*	.322	.304***	.306
	サービスの仕事	.060	.126	.203***	.129	.048	.366	−.013	.340
	生産工程・技能の仕事	−.087*	.114	−.114	.128	−.095	.286	−.262**	.318
	専門的な仕事	.121**	.106	.002	.131	.130	.266	.175	.265
F値		8.029***		5.401***		2.939***		3.455***	
調整済みR２乗		.219		.326		.218		.343	
N		425		155		118		80	

注：***p<.01，**p<0.5，*p<.10

区分ルートの「フルタイム非正社員からの転換者」が有意な負の影響を示した。従業員のWLBの実現を目的に，仕事限定正社員を導入した場合や，仕事限定正社員が営業の仕事を担当する場合には，仕事レベルは高いが，フルタイム正社員からの転換者の受け皿として，同タイプの限定正社員を設定した場合には，仕事レベルは低くなる傾向がうかがえる。

第４に，「仕事＋勤務地限定」の分析結果をみると，導入時期（10％水準）が仕事レベルに有意な負の影響を示した。さらに入区分ルートでは，中途採用者が有意な負の影響を示し，担当する仕事内容では，「営業の仕事」が有意な正の影響，「生産工程・技能の仕事」と「事務の仕事」（10％水準）が有意な負の影響を示した。また10％水準ではあるものの，男女別構成が有意な負の影響を示している。つまり，「勤務地限定」では区分の導入時期が遅いほうが高いレベルの仕事を担当する傾向にあったが，「仕事＋勤務地限定」では導入時期が早いほど仕事レベルが高く，同じ限定正社員であっても限定要件によって異なる傾向がみられる。さらに「仕事限定」に比べて，「勤務地限定」と「仕事＋勤務地限定」は仕事内容で有意な影響がより多く確認されていることから，勤務地という限定要件がある場合には，何の仕事を担当するかによって，仕事レベルが大きく左右されるようである。

3.6 小括

本章では，既存調査データを用いて，正社員に複数の雇用区分を設ける区分企業と限定正社員タイプ別の特徴を整理するとともに，各限定正社員タイプが担う仕事レベルの規定要因について検討した。

まず，区分企業には，①設立年数が古い，②従業員数が多い，③労働組合があるという３つの特徴があり，日本の伝統的な大企業で正社員の多元化が進んでいることがわかった。同時に売上高といった限定的な視点ではあるが，それら企業の経営状態は良好であり，正社員の多元化は，企業経営に寄与する可能性が示唆された。

さらに，限定正社員５タイプの比較からは，以下の点が示唆された。第１に，「1990年より前」と「2000年以降」では，企業が導入する限定正社員タイプと導入目的が異なる。いずれの限定正社員タイプも，「人材の定着」が上位の導入目的となっているが，その他の導入目的をみると，「1990年代より前」は，高度な業務・専門的な業務を担当する人材を処遇するために「仕事限定」や「仕事＋勤務地限定」の導入が進み，「2000年以降」は，WLBの実現を目的に「勤務地限定」「時間限定」の導入が進んでいる。

第２に，いずれの限定正社員タイプも，中途採用と新卒採用の外部採用者が多いが，「勤務地限定」，「仕事限定」，「仕事＋勤務地限定」は，フルタイム非正社員からの転換者も多く，フルタイム非正社員の正社員転換先となっている。これに対して，「時間限定」と「その他の限定」では，無限定正社員からの転換者が多く，これらの限定正社員タイプには時間が限定要件に含まれていることから，無限定正社員が何らかの事由によって，就労時間に制約が生じた場合の転換先になっている可能性がうかがえる。

第３に，「仕事＋勤務地限定」は，他の区分と比較すると導入時期が早く，「事務の仕事」が多く，仕事レベルが低いことから，コース別人事制度の下での，一般職区分に対応する区分であることが類推される。

第４に，「仕事限定」は，高度な業務・専門的な業務を担当する人材を処遇することを目的に導入されている傾向が強いが，前述のとおり，一部でフルタイム非正社員の正社員転換の受け皿となっているため，その目的が十分に達成されず，結果として定着状況が悪くなっている。

次に，各限定正社員タイプが担う仕事レベルの規定要因についての分析結果から，以下の含意が得られる。

第１に，「勤務地限定」では導入時期が遅いほど，仕事レベルに有意な正の影響を示すのに対して，10％水準ではあるが，「仕事＋勤務地限定」では有意な負の影響を示している。「仕事＋勤務地限定」は，いわゆる一般職を多く含んでいる可能性が高いことと合わせて考えると，本来は総合職の周辺業務や補助的業務を担う一般職であるが，1990年代以前の早い時期に導入した企業では，優秀な一般職にはかなり高いレベルの仕事を任せていた可能性がうかがえる。また，「勤務地限定」は，限定正社員であったとしても管理職に就けるなど，以前に比べて活用やキャリア形成を積極的に考える企業が増加しており，近年導入しているほど，その傾向が強く表れているのであろう。

第２に，「勤務地限定」では，導入目的によって仕事レベルが大きく異なり，人材の定着は有意な正の影響を，人材の確保は有意な負の影響を示す。つまり，既存人材の定着を促すために導入した場合には，限定正社員のモチベーションを高めるために，勤務地という限定要件に関係なく高度な仕事を任せる傾向にある。一方，人材を確保するために導入した場合には，限定要件を考慮して軽易な仕事を任せる傾向になる。これは勤務地限定の場合には，限定された地域内で人材を確保するため，無限定正社員と同等もしくはそれ以上のレベルの仕事を任せる優秀な人材を確保することは難しいためかもしれない。

第３は，入区分ルートの影響である。「勤務地限定」では無限定正社員からの転換者で有意な正の影響，「仕事限定」ではフルタイム非正社員からの転換者で有意な負の影響，「仕事＋勤務地限定」では中途採用者で有意な負の影響が確認された。この結果は，①無限定正社員を勤務地限定正社員に転換すると，仕事レベルが高い，②フルタイム非正社員を仕事限定正社員に転換すると，仕事レベルが低い，③中途採用者を仕事＋勤務地限定正社員として採用すると，仕事レベルが低いという特徴を示している。つまり，限定正社員は，無限定正社員に比べて多様な入区分ルートが想定され，限定正社員の仕事レベルは，誰がどこの区分からどこの区分に入るかに大きく依存している。

第４に，「勤務地限定」と「仕事＋勤務地限定」は，仕事内容に関わる多くの変数が仕事レベルに影響を及ぼしており，何の仕事を担当するかが仕事レベルを決める傾向が強い。また，どちらの区分でも「営業の仕事」は正の影響，「事務の仕事」は負の影響を示している。これは，企業は勤務地に制約があったとしても，営業の場合には社員を積極的に活用し，高度な仕事を任せるが，事務の場合には勤務地の制約を理由に，無限定正社員と比べて低いレベルの仕事を担当させている可能性を示している。つまり，営業を担う限定正社員と事務を担う限定正社員では，企業の活用戦略が異なるのである。

本章では，限定正社員のタイプ別の特徴のうち，とくに仕事レベルに注目し，その規定要因を検討した。その結果，限定正社員区分によって仕事レベルを規定する要因は異なり，とくに「勤務地限定」と「仕事＋勤務地限定」では，仕事内容によって仕事レベルに差が生じることが明らかになった。また，誰がどの区分からどの区分に転換するかによって，無期転換後の仕事レベルは異なることも示唆された。限定正社員タイプの仕事レベルの規定要因は，本章で着目した要因以外にもさまざま考えられるが，少なからずこれまでとは異なる視点から新たな知見を提供できたといえる。

なお，本章ではデータの制約から，限定要件として「時間」を含む限定正社員タイプについて，仕事レベルに対する入区分ルートの影響を検討できなかった。だが，これらの区分は，パートタイム非正社員の転換先となる可能性が高い区分である。パートタイマー等の非正社員の正社員転換は人事管理上の重要な課題であるので，同区分の分析が，今後の研究課題として残る。

付表1 変数の記述統計と相関係数

	平均値	標準偏差	1	2
1 担当する仕事レベル	2.745	1.028	1.000	
2 男女別構成の特徴	2.807	1.594	−0.324***	1.000
3 年齢層	2.503	1.152	0.053	−0.123***
4 導入時期	2.128	1.169	−0.002	0.110***
5 人材の確保	0.357	0.502	0.093**	−0.026
6 人材の定着	0.492	0.523	0.015	0.038
7 高度専門人材の処遇	0.336	0.496	0.275***	−0.138***
8 WLBの実現	0.312	0.488	−0.040	0.216***
9 新卒採用者	0.528	0.529	−0.119***	0.046
10 中途採用者	0.752	0.466	−0.025	−0.007
11 無限定正社員からの転換者	0.152	0.399	−0.034	0.180***
12 フルタイム非正社員からの転換者	0.259	0.472	−0.180***	0.185***
13 パートタイム非正社員からの転換者	0.130	0.379	−0.079*	0.180***
14 事務の仕事	0.512	0.520	−0.238***	0.311***
15 営業の仕事	0.228	0.443	0.105**	−0.144***
16 サービスの仕事	0.157	0.391	0.058	0.067*
17 生産工程・技能の仕事	0.209	0.431	−0.078*	−0.267***
18 専門的な仕事	0.334	0.493	0.245***	−0.114***

	9	10	11	12
1 担当する仕事レベル				
2 男女別構成の特徴				
3 年齢層				
4 導入時期				
5 人材の確保				
6 人材の定着				
7 高度専門人材の処遇				
8 WLBの実現				
9 新卒採用者	1.000			
10 中途採用者	0.219***	1.000		
11 無限定正社員からの転換者	0.081**	0.012	1.000	
12 フルタイム非正社員からの転換者	0.257***	0.235***	0.167***	1.000
13 パートタイム非正社員からの転換者	0.187***	0.204***	0.137***	0.321***
14 事務の仕事	0.221***	−0.003	0.132***	0.139***
15 営業の仕事	0.097***	0.053	0.155***	0.038
16 サービスの仕事	0.027	0.068*	0.018	0.191***
17 生産工程・技能の仕事	0.116***	0.050	0.044	0.033
18 専門的な仕事	−0.012	0.102***	0.006	0.047

注：***p<.01，**p<0.5，*p<.10

3	4	5	6	7	8
1.000					
−0.135***	1.000				
−0.015	0.057	1.000			
−0.056	0.066*	0.407***	1.000		
0.027	−0.117***	0.305***	0.064*	1.000	
−0.089**	0.242***	0.144***	0.261***	−0.068*	1.000
−0.127***	−0.243***	−0.029	−0.003	0.017	−0.027
0.157***	−0.203***	−0.022	−0.034	0.136***	−0.133***
−0.004	0.187***	0.077**	0.103***	−0.105***	0.244***
−0.061*	−0.041	0.074**	0.073**	0.044	0.011
−0.028	−0.013	0.028	0.047	−0.031	0.019
−0.065*	−0.063*	0.037	0.032	−0.143***	0.177***
0.043	−0.028	0.113***	0.057	−0.009	0.087**
−0.024	0.021	−0.001	0.037	−0.005	0.015
0.008	−0.032	−0.028	0.067*	−0.027	−0.027
0.107***	−0.068*	0.137***	0.040	0.296***	−0.102***

13	14	15	16	17
1.000				
0.066*	1.000			
0.012	0.301***	1.000		
0.153***	0.078**	0.203***	1.000	
−0.012	−0.003	0.142***	0.016	1.000
0.045	−0.085**	0.087**	0.129***	−0.042

注

1　佐藤・佐野・原（2003）では正社員数1,000人以上の大企業が全体の40％弱を占めるのに対して，「多元的な働き方調査」では10%未満である。また西村・守島（2009）は，上場企業を対象に佐藤・佐野・原（2003）と同様の質問紙調査を行っており，同調査結果によると，区分企業は63.1 %（回答企業の正社員数1,000人以上の割合は19.1%）である。

2　今野・佐藤（2009）によると，雇用区分の基準には，①仕事内容の違い，②将来のキャリア形成に対する企業の期待の違い，③キャリア段階の違い，④企業が期待する働き方の違いの４タイプがある。

3「多元的な働き方調査」では，勤務地限定を２カテゴリーに分類し調査しているが，本章の分析では，勤務地限定１（勤務地を限定しており，転居を伴う異動はない）と勤務地限定２（勤務先の地域を限定しており，その地域内では転居を伴う異動がある）を合わせたものを勤務地限定とする。

4「多元的な働き方調査」では正社員区分が５つを超える場合には，主たる５区分について回答を求めていることから，６区分以上の正社員区分を持つ企業は５区分と見なして集計している点に注意が必要である。

5　限定正社員全体の傾向の詳細については，第２章およびみずほ情報総研株式会社（2015）を参照してほしい。

6　ここで示した数値は，「無限定正社員はいない」を母数から除外した値であり，これを含んだ場合には「無限定正社員はいない」が54.2%，「高い」が1.3%，「やや高い」が1.6%，「同程度」が20.2％，「やや低い」が15.2%，「低い」が5.9％となる。

7「多元的な働き方調査」を用いて，限定正社員の担当する仕事レベルと同じ仕事を担当している無限定正社員と比較した時間当たりの賃金水準（「無限定正社員より高い」＝6，「同程度」＝5，「９割程度」＝4，「８割程度」＝3，「７割程度」＝2，「６割程度以下」＝1）との関係をみると，相関係数は0.482（１％水準で有意）である。

8　労働政策研究・研修機構（2013）では，限定正社員のカテゴリーの１つとして，「一般職社員」を設定しており，主として事務を担当する職員で，おおむね非管理職層として勤務することを前提としたキャリア・コースが設定された社員と定義している。

参考文献

今野浩一郎（2012）『正社員消滅時代の人事改革』日本経済新聞出版社.

今野浩一郎・佐藤博樹（2009）『マネジメント・テキスト　人事管理入門（第２版）』日本経済新聞出版社.

久米功一・鶴光太郎・戸田淳仁（2015）「多様な正社員のスキルと生活満足度に関する実証分析」*RIETI Discussion Paper Series* 15-J-020.

厚生労働省（2012）『「多様な形態による正社員」に関する研究会報告』.
http://www.mhlw.go.jp/stf/houdou/2r985200000260c2.html（参照日：2016年９月20日）

佐藤博樹（2008）「人材活用における雇用区分の多元化と処遇の均等・均衡の課題」『組織科学』第41巻３号，pp.22-32.

佐藤博樹・佐野嘉秀・原ひろみ（2003）「雇用区分の多元化と人事管理の課題―雇用区分間の均衡処遇―」『日本労働研究雑誌』第518号, pp.31-46.

佐野嘉秀（2015）「正社員のキャリア志向とキャリア―多様化の現状と正社員区分の多様化―」『日本労働研究雑誌』第655号, pp.59-72.

高橋康二（2013）「限定正社員のタイプ別にみた人事管理上の課題」『日本労働研究雑誌』第636号, pp.48-62.

短時間労働の活用と均衡処遇に関する研究会編（2003）『短時間労働の活用と均衡処遇―均衡処遇モデルの提案―』社会経済生産性本部生産性労働情報センター.

鶴光太郎・樋口美雄・水町勇一郎編（2011）『非正規雇用改革―日本の働き方をいかに変えるか―』日本評論社.

戸田淳仁（2015）「限定正社員の実態―企業規模別における賃金，満足度の違い―」『日本労働研究雑誌』第655号, pp.110-118.

西岡由美・小曽根由実（2015）「限定正社員の活用が経営成果に及ぼす影響」『経営行動科学学会第18回全国大会報告論集』.

西村純（2014）「タイプ別に見た限定正社員の人事管理の特徴―正社員の人事管理や働き方に変化をもたらすのか？―」『日本労働研究雑誌』第650号, pp.16-29.

西村孝史・守島基博（2009）「企業内労働市場の分化とその規定要因」『日本労働研究雑誌』第586号, pp.20-33.

久本憲夫（2003）『正社員ルネサンス―多様な雇用形態から多様な正社員へ―』中公新書.

平野光俊（2006）『日本型人事管理―進化型の発生プロセスと機能性―』中央経済社.

――――（2010）「三層化する労働市場―雇用区分の多様化と均衡処遇―」『組織科学』第44巻２号，pp.30-43.

みずほ情報総研株式会社（2015）『多元的な働き方に関する取組の事例集・雇用管

理上の留意点に関する周知啓発等事業報告書』(2014年度厚生労働省委託事業).
守島基博 (2011)「『多様な正社員』と非正規雇用」*RIETI Discussion Paper Series* 11-J-057.
労働政策研究・研修機構 (2013)『「多様な正社員」の人事管理に関する研究』労働政策研究報告書No.158.

第4章　多様な正社員（限定正社員）の人事管理と組織パフォーマンス

4.1　限定正社員の人事管理を捉える視点

限定正社員は，正社員と非正社員の二極化の間を埋める中間的な働き方として注目されているが，その導入にあたっては，仕事内容や勤務地，労働時間等に限定のない正社員（以下，「無限定正社員」）との処遇の違いを，どのように考えるべきかという問題が解決されていない。それでも限定正社員の活用が量的にも質的にも進んでいない場合には，仕事内容，勤務地，労働時間といった限定要件によって個別に対応することも可能であるが，量的，質的活用の進展に伴い，無限定正社員との整合性を考慮した人事管理を検討する必要性が高まる。

また，限定正社員を普及させていくためには，働く側だけでなく，企業側にとっても有益なものでなくてはならない。厚生労働省（2012）によると，企業による限定正社員導入の主な目的として，人材の確保・定着，仕事と育児や介護の両立（ワーク・ライフ・バランス）支援が挙げられているが，限定正社員にどのような人事管理を行えばこれらの目的が実現し，組織のパフォーマンス向上に結びつけることができるのかが問題となる。

そこで，本章ではみずほ情報総研株式会社の「多元的な働き方調査」の「企業アンケート調査」を用いて，無限定正社員との比較から限定正社員の人事管理の実態をみるとともに，限定正社員の人事管理のあり方が，組織パフォーマンスに及ぼす影響について検討する。

4.2　限定正社員の人事管理の概況

限定正社員の実態を把握することを目的に実施された主な企業（事業所）アンケート調査としては，①労働政策研究・研修機構の「多様な就業形態に関する実態調査（平成22年８月実施）」（以下，「JILPT調査」）[1]，②厚生労働省「『多様な形態による正社員』に関する研究会」の「平成23年度『多様な形態による正社員』に関するアンケート調査」（以下，「多様な形態による正社員調査」）[2]，③みずほ情報総研株式会社（厚生労働省委託事業）「平成26年度多元的な働き方に関する調査」（以下，「多元的な働き方調査」）[3]がある。

これらの調査結果から限定正社員の人事管理の概況をみると，限定正社員の処遇水準は，いずれの調査結果においても，無限定正社員の水準と比較しておおむね８～９割に設定されている。さらに「JILPT調査」によると，正社員と全く同じ賃金テーブル（賃金表）を用い，運用も同じとする企業が過半数を占め，同じ賃金テーブルは用いているが，運用を変えている企業が１割弱，正社員と異なる賃金テーブルを用いている企業が３割弱である。また同調査によると，限定正社員の勤続年数別賃金カーブ（高年齢期を除く）は，無限定正社員に比べて「ほぼ横ばいに推移」が若干多いが，基本的には無限定正社員と同様に，勤続年数とともに原則として上昇し続けるパターンをとっている。賃金管理以外の人事管理については，「多様な形態による正社員調査」および「多元的な働き方調査」によると，限定正社員は同じレベルの仕事を担当する無限定正社員と比較して昇進・昇格スピードが遅く，無限定正社員と異なり昇進・昇格に上限があり，無限定正社員と比べて教育訓練機会が少なく，教育訓練が長期的な視点ではなく業務の必要に応じて実施される傾向にある。つまり，賃金，昇進・昇格，教育訓練機会からみた限定正社員の処遇は，同じ正社員ではあるが無限定正社員と比較して全般的に低い水準にあるといえる[4]。

また，限定正社員の処遇は，限定要件に応じて差が設けられることも多く，例えば「JILPT調査」は，職種限定正社員の所定内時給は，職種に限定のない正社員と差はないが，勤務地限定正社員は勤務地に限定のない正社員よりはやや低いことを明らかにしている。しかし，こうした既存の調査は，限定正社員と無限定正社員の違いについて，人事管理全体を視野に入れて体系的に明らかにしていない上に，限定正社員のタイプの多様性を十分に考慮できていない。

そこで，本章では「多元的な働き方調査」を二次分析することにより，限定正社員のタイプ別に人事管理の実態を整理する。同調査では，１つの限定正社員区分を持つ企業には同区分の人事管理について，複数の限定正社員区分を持つ企業には「最も難易度が高い仕事を担当している区分」と「最も難易度が低い仕事を担当している区分」の２区分の人事管理を尋ねている。有効回答企業は1,782社であり，それら企業が回答した限定正社員の社員区分数は791区分である[5]。前述したように，同調査は社員区分別に人事管理の現状を尋ねていること，限定正社員の人事管理の現状を，限定正社員タイプ別に明らかにすることが本章の目的であることから，以下では企業ベースではなく，限定正社員区分ベースの分析を行うこととする。

以下の人事管理の実態把握のための集計では，限定正社員のタイプを第３章で示した主要４タイプ（「勤務地限定」[6]，「仕事限定」，「仕事＋勤務地限定（仕事限定であり，かつ勤務地限定）」，「時間限定」）に「その他の限定」（「勤務地＋時間限定」「仕事＋時間限定」「勤務地＋仕事＋時間限定」の合計）を加えた５タイプに分類する。

表４-１に示すとおり，限定正社員を対象とした人事評価は，無限定正社員と「すべて同じ」である区分が約半数である。これを限定正社員タイプ別にみると，勤務地限定は指数が3.52点と高く，他のタイプに比べて無限定正社員に近い人事評価が行われているのに対して，仕事＋勤務地限定，時間限定，その他の限定は指数が低い。とくに時間限定は，人事評価を行っていない区分が２割以上と多い。

次に限定正社員の昇進・昇格についてみる。第１に，無限定正社員と比較した場合の限定正社員の昇進・昇格のスピードは，「同程度」の区分が約半数で

表4-1　**無限定正社員と比較した場合の「人事評価」**

	すべて同じ（%）	一部同じ（%）	異なる（%）	人事評価は行っていない（%）	不明（%）	合計（件）	指数（点）
全体	52.8	20.6	17.5	7.1	2.0	496	3.22
勤務地限定	66.7	19.1	12.6	1.1	0.5	183	3.52
仕事限定	49.3	25.7	14.0	8.8	2.2	136	3.18
仕事＋勤務地限定	40.4	22.2	30.3	6.1	1.0	99	2.98
時間限定	52.6	7.9	10.5	23.7	5.3	38	2.94
その他の限定	32.5	17.5	27.5	15.0	7.5	40	2.73

注：指数は「すべて同じ」を４点，「一部同じ」を３点，「異なる」を２点，「人事評価は行っていない」を１点とし，合計から「不明」を除いた件数で除した値。

あり，「昇進・昇格はない」区分も１割ある（**表4-2**参照）。限定正社員タイプ別には，仕事限定は指数が3.42点とやや高いのに対して，仕事・勤務地限定（2.98点），時間限定（2.71点）は指数が低い。とくに時間限定は，「昇進・昇格はない」区分が３割以上と非常に多くなっている。第２に，限定正社員の昇進上限は，指数が平均4.07点であることから，ほぼ「課長レベルまで」である（**表4-3**参照）[7]。限定正社員タイプ別にみると，「仕事限定」は，指数が4.63点と非常に高く，「上限はない」が全体の半数を占める。それに対して「勤務地限定」と「仕事＋勤務地限定」は，昇進上限が低い。また時間限定は，「上限はない」が半数以上である一方，「役職に就くことはできない」が25%に上ることから，区分により対応が二極化していることがわかる。

さらに限定正社員の賃金について，賃金水準，賃金テーブル（賃金表），手当の３つの観点からみてみる。第１に，限定正社員の時間当たりの賃金水準は，全体では指数が4.81点であり，無限定正社員の８～９割程度である（**表4-4**参照）。限定正社員のタイプ別には，時間限定が5.09点と指数がやや高く，約半数の区分が同程度と回答している。反対に最も賃金水準が低いのは，仕事＋勤務地限定であり，「５割程度以下」から「７割程度」が２割を超えている。ま

表４-２　無限定正社員と比較した場合の「昇進・昇格のスピード」

	はやい（%）	ややはやい（%）	同程度（%）	ややおそい（%）	おそい（%）	昇進・昇格はない（%）	不明（%）	合計（件）	指数（点）
全体	1.0	3.7	46.0	21.1	13.3	10.9	3.9	487	3.22
勤務地限定	0.6	0.6	52.5	22.7	13.3	6.1	4.4	181	3.31
仕事限定	1.5	6.0	48.9	24.1	6.8	9.0	3.8	133	3.42
仕事＋勤務地限定	1.0	5.1	36.7	17.3	23.5	14.3	2.0	98	2.98
時間限定	2.8	0.0	41.7	8.3	11.1	33.3	2.8	36	2.71
その他の限定	0.0	10.3	33.3	25.6	12.8	10.3	7.7	39	3.22

注：指数は「はやい」を６点，「ややはやい」を５点，「同程度」を４点，「ややおそい」を３点，「おそい」を２点，「昇進・昇格はない」を１点とし，合計から「不明」を除いた件数で除した値。

表４-３　限定正社員の昇進の上限

	役職に就くことはできない	職場のリーダーレベルまで	係長レベルまで	課長レベルまで	部長レベルまで	上限はない	不明（%）	合計（件）	指数（点）
全体	13.5	14.3	9.8	11.8	10.3	38.0	2.3	869	4.07
勤務地限定	15.2	16.7	14.2	22.1	5.9	24.0	2.0	204	3.60
仕事限定	7.4	10.7	8.1	8.7	12.3	50.8	1.9	309	4.63
仕事＋勤務地限定	18.1	18.1	10.0	8.1	14.4	28.1	3.1	260	3.69
時間限定	25.0	13.6	2.3	0.0	2.3	54.5	2.3	44	4.07
その他の限定	19.2	15.4	7.7	11.5	9.6	32.7	3.8	52	3.78

注：指数は「上限はない」を６点，「部長レベルまで」を５点，「課長レベルまで」を４点，「係長レベルまで」を３点，「職場のリーダーレベルまで」を２点，「役職に就くことはできない」を１点とし，合計から「不明」を除いた件数で除した値。

表4-4 無限定正社員と比較した場合の時間当たり賃金水準

	5割程度以下(%)	6割程度(%)	7割程度(%)	8割程度(%)	9割程度(%)	同程度(%)	無限定正社員より高い(%)	不明(%)	合計(件)	指数(点)
全体	1.9	2.7	9.5	24.8	20.9	31.1	5.1	3.9	411	4.81
勤務地限定	0.6	0.6	8.8	27.0	35.2	23.3	2.5	1.9	159	4.79
仕事限定	2.8	5.6	6.5	23.1	11.1	38.0	8.3	4.6	108	4.90
仕事＋勤務地限定	1.4	4.2	16.9	22.5	16.9	31.0	4.2	2.8	71	4.64
時間限定	2.9	0.0	8.6	22.9	8.6	48.6	5.7	2.9	35	5.09
その他の限定	5.3	2.6	7.9	26.3	7.9	28.9	7.9	13.2	38	4.70

注1：無限定正社員と同じレベルの仕事を担当する限定正社員がいない企業71社を除く。
注2：指数は「無限定正社員より高い」を7点，「同程度」を6点，「9割程度」を5点，「8割程度」を4点，「7割程度」を3点，「6割程度」を2点，「5割程度以下」を1点とし，合計から「不明」を除いた件数で除した値。

た仕事限定は，「無限定正社員より高い」が1割弱あり，担当する仕事レベルが無限定正社員より高い，いわゆる高度プロフェッショナル型の仕事限定を含んでいる可能性がうかがえる。第2に，**表4-5**に示すように，無限定正社員と同じ賃金テーブルを用いている区分は全体の約3割である。これを限定正社員タイプ別にみると，時間限定では4割以上が同じであるのに対して，仕事・勤務地限定では2割強と少ない。第3に，**表4-6**をみると，全体では限定正社員に支給される手当や金額が無限定正社員と異なるとする区分は4割である。限定正社員タイプ別には，勤務地限定は「差がある」が33.9%と少ないが，その他のタイプはほぼ同じである。

最後に，無限定正社員と比較した限定正社員の「教育訓練の機会」をみると，全体では指数が3.65点であるので，「同程度」と「やや少ない」の中間水準である（**表4-7**参照）。限定正社員のタイプ別には，他のタイプに比べて時間限定は3.11点と教育訓練機会が少ない。それ以外のタイプは，指数の値がほぼ同じであるが，勤務地限定は「同程度」が75.7%と圧倒的に多いのに対して，仕

表４-５　無限定正社員と比較した場合の「賃金テーブル（賃金表）」

	同じ（%）	異なる（%）	不明（%）	合計（件）
全体	31.6	64.7	3.7	487
勤務地限定	31.7	68.3	0.0	180
仕事限定	32.3	60.8	6.9	130
仕事＋勤務地限定	22.2	74.7	3.0	99
時間限定	43.2	54.1	2.7	37
その他の限定	41.5	46.3	12.2	41

表４-６　無限定正社員と比較した場合の「支給される手当や金額」

	差がある（%）	差がない（%）	不明（%）	合計（件）
全体	40.0	57.3	2.7	478
勤務地限定	33.9	66.1	0.0	180
仕事限定	43.7	51.6	4.8	126
仕事＋勤務地限定	44.2	53.7	2.1	95
時間限定	44.4	52.8	2.8	36
その他の限定	41.5	48.8	9.8	41

表４-７　無限定正社員と比較した「教育訓練の機会」の程度

	多い（%）	やや多い（%）	同程度（%）	やや少ない（%）	少ない（%）	教育訓練は行っていない（%）	不明（%）	合計（件）	指数（点）
全体	5.3	4.4	60.2	12.5	10.7	5.3	1.6	495	3.65
勤務地限定	0.6	1.1	75.7	11.6	7.7	3.3	0.0	181	3.65
仕事限定	10.1	6.5	53.6	11.6	9.4	6.5	2.2	138	3.76
仕事＋勤務地限定	8.2	7.1	46.9	20.4	15.3	2.0	0.0	98	3.66
時間限定	0.0	0.0	55.3	7.9	18.4	13.2	5.3	38	3.11
その他の限定	7.5	10.0	50.0	5.0	10.0	10.0	7.5	40	3.68

注：指数は「多い」を６点，「やや多い」を５点，「同程度」を４点，「やや少ない」を３点，「少ない」を２点，「教育訓練は行っていない」を１点とし，合計から「不明」を除いた件数で除した値。

図4-1 無限定正社員と同じ人事管理の適用状況

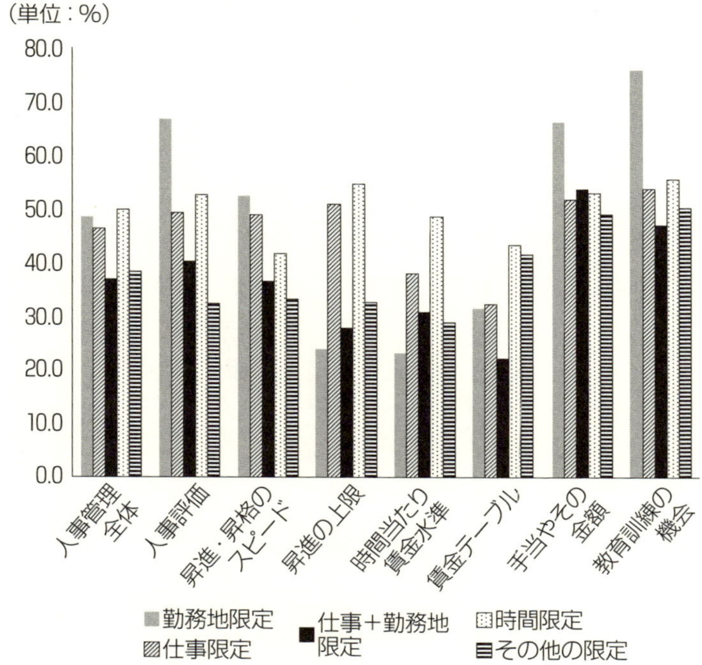

事限定，仕事＋勤務地限定は教育訓練の機会が無限定正社員よりも多い企業と少ない企業が混在しているため，5割前後と少ない。

以上の結果をもとに，無限定正社員と同じ人事管理を適用されている区分の割合を，限定正社員タイプ別にまとめたものが**図4-1**である。まず，人事管理全体（限定正社員タイプ別の個別人事管理の適用率の平均）[8]をみると，限定正社員に無限定正社員と同じ人事管理を適用する区分は，勤務地限定，仕事限定，時間限定は50%程度で同水準であるが，仕事＋勤務地限定，その他の限定は，40%弱と著しく低い。次に，人事管理の個別分野をみると，勤務地限定は，他の限定正社員タイプに比べて，人事評価，昇進・昇格スピード，支給される手当やその金額，教育訓練機会といった面で無限定正社員と同じ人事管理を適用する区分が多い。時間限定正社員は，昇進の上限，時間当たりの賃金水準，賃金テーブルの分野で，他の限定正社員タイプに比べて無限定正社員と同じ人事管理が適用される傾向にある。これらに対して，仕事＋勤務地限定とその他の限定は，人事管理の多くの面で，無限定正社員と同じ人事管理を適用することが少ないタイプである。

このことから，限定正社員タイプ別の人事管理の特徴として以下の３点が明らかになった。第１に，平均すると，半数程度の限定正社員区分は無限定正社員と人事管理上，異なる扱いを受けている。第２に，限定正社員の中で無限定正社員に最も近い基本給が適用されているのは，時間限定正社員である。第３に，基本給以外の分野では，勤務地限定正社員には，最も無限定正社員に近い人事管理が適用されている。第４に，仕事＋勤務地限定正社員およびその他の限定正社員といった複数の限定要件を組み合わせたタイプは，無限定正社員と異なる人事管理が適用される傾向にある。

4.3　限定正社員の人事管理が組織パフォーマンスに及ぼす影響

4.3.1　分析データの概要

正社員として雇用されつつ，多様な働き方のニーズを満たす雇用形態として注目されている限定正社員ではあるが，その導入の効果については，十分に把握されていない[9]。今後，限定正社員が広く浸透していくためには，限定正社員の活用は，企業と従業員の双方にとって有益な「Win-Win」の関係を構築するものでなければならない。そのためには，どのような人事管理が構築される必要があるのか。前述のとおり，企業によっては，限定正社員に無限定正社員と異なる人事管理を適用している。限定正社員と無限定正社員の間には働き方に違いがあるため，人事管理上，一定の差異を設けることに問題はないが，どのような面で，どの程度の差を設けることが合理的であるのか。企業にとって望ましい限定正社員の人事管理を明らかにするため，以下では，限定正社員の人事管理が組織パフォーマンスに及ぼす影響を検討する。

人事管理と組織パフォーマンスとの関係を検討するにあたり，手がかりとなるのが戦略的人的資源管理論（SHRM：Strategic Human Resource Management）である。戦略的人的資源管理論の研究で指摘されているように，人的資源管理と企業業績との間には，「ブラックボックス」が存在する（Bowen and Ostroff, 2004；Becker and Huselid, 2006など）。そのため同研究では，これまで組織レベルのさまざまな変数を用いて，「ブラックボックス」の解明が試みられてきた。限定正社員についても同様に，人事管理と企業業績との間にはさまざまな組織レベルの変数が存在すると考えられ，人事管理の企業業績への影響を捉えるには，組織レベルの変数との関係について分析する必要がある。そうなると，組織レベルの変数として何を取り上げるのかが問題になる。企業は，企業業績につながる何らかの組織レベルの効果を目的として限定正社員を導入しているので，ここでは，導入目的からみた効果を組織レベルの変数として取り上げることにする。

厚生労働省（2012）によると，企業の「多様な正社員」の導入目的の上位５つは，「優秀な人材の確保」「定着性の向上」「ワーク・ライフ・バランス支援」「賃金の節約」「労務コストの節約」である。さらに「多元的な働き方調査」によると，限定正社員区分の導入目的の上位５つは，「人材の定着を図るため」「優秀な人材を確保するため」「高度な業務・専門的な業務を担当する人材を処遇できる」「従業員のワーク・ライフ・バランスを実現するため」「生産性を向上させるため」である。これらの調査結果をふまえて，ここでは，**表4-8**に示した６項目を組織レベルの効果を表す変数（以下では，「組織パフォーマンス」変数と呼ぶ）として用いる。

表4-8　組織パフォーマンス（6項目）

	平均値（点）	標準偏差	件数
優秀な人材の確保	3.00	0.80	461
人材の定着	3.23	0.74	472
高度な専門人材の処遇	2.65	0.94	446
WLBの実現	3.09	0.85	463
生産性の向上	2.86	0.79	445
人件費の抑制	2.79	0.83	452

4.3.2　変数の説明

限定正社員の人事管理が組織パフォーマンスに及ぼす影響を重回帰分析により検討するにあたり，以下の変数を設定した。

従属変数として，前記の６項目の組織パフォーマンスに関する変数を設定した。つまり，「優秀な人材を確保できる（以下，「優秀な人材の確保」）」「人材の定着が図れる（以下，「人材の定着」）」「高度な業務・専門的な業務を担当する人材を処遇できる（以下，「高度な専門人材の処遇」）」「従業員のワーク・ライフ・バランスを実現できる（以下，「WLBの実現」）」「生産性を向上できる（以下，「生産性の向上」）」「人件費を抑制できる（以下，「人件費の抑制」）」の６項目（効果が得られる＝４～得られない＝１）である。各組織パフォーマンス変数の平均値と標準偏差は**表4-8**のとおりである。

独立変数は，限定正社員の人事管理に関する変数である。人事評価，昇進・昇格スピード，昇進の上限，賃金水準，賃金テーブル，手当とその金額，教育訓練の機会の７項目を，それぞれダミー変数（無限定正社員と同じ（同程度）場合＝1，異なる場合＝0）として設定した。

コントロール変数としては，製造業ダミー（該当＝1，非該当＝0），対数変換した正社員総数，非正社員比率の企業属性に関わる変数に加えて，限定正社員の限定要件を設定した。前述のとおり，限定正社員には多様なタイプがあり，限定正社員のタイプによって，人事管理の組織パフォーマンスに及ぼす影響は異なることが想定されるからである。具体的には，勤務地，職種，労働時間の３つの限定要件に対応して，勤務地限定ダミー（あり＝1，なし＝0），仕事限定ダミー（あり＝1，なし＝0），時間限定ダミー（あり＝1，なし＝0）の3つのダミー変数を用いる。

分析に用いた変数の平均値，標準偏差と変数間の相関係数は，**付表２**のとおりである。

4.3.3　分析結果

表4-9の分析結果より，人事管理の項目によって有意な影響を及ぼす組織

表4-9 限定正社員の人事管理と組織パフォーマンス

		優秀な人材の確保		人材の定着		高度な専門人材の処遇		WLBの実現		生産性の向上		人件費の抑制	
		β	標準誤差	β	標準誤差	β	標準誤差	β	標準誤差	β	標準誤差	β	標準誤差
	（定数）	2.356***	.232	2.903***	.217	2.152***	.291	2.675***	.247	2.116***	.244	3.172***	.259
企業属性	製造業ダミー	−.082	.101	−.117**	.095	−.087	.125	−.082	.106	−.043	.104	−.087	.113
	正社員数（対数）	.107*	.027	.158***	.026	.037	.034	.123**	.029	.160***	.028	−.026	.030
	非正社員比率	−.114*	.170	−.167***	.160	−.154**	.214	−.074	.178	−.156***	.182	−.131**	.192
限定要件	勤務地限定ダミー	.212***	.104	.145**	.097	.088	.127	.181***	.110	.051	.107	.055	.114
	仕事限定ダミー	.138**	.098	−.077	.092	.104	.122	−.200***	.104	.121*	.104	−.083	.110
	時間限定ダミー	.077	.126	−.089	.118	.066	.155	.055	.133	−.045	.131	−.059	.141
人事管理	人事評価	.079	.096	.034	.090	.002	.119	.033	.102	.074	.100	.010	.107
	昇進・昇格のスピード	.052	.095	.115*	.089	.203***	.116	.051	.100	.077	.100	−.111*	.105
	昇進の上限	.044	.102	.005	.096	.053	.126	.004	.107	.073	.107	.022	.113
	賃金水準	.158**	.104	.055	.097	.073	.129	−.079	.108	.135**	.109	−.196***	.116
	賃金テーブル	−.112*	.106	−.082	.099	−.055	.130	−.045	.111	−.124*	.111	.005	.116
	手当とその金額	.022	.092	.020	.086	.082	.114	.051	.096	.054	.096	.006	.103
	教育訓練の機会	.025	.100	−.069	.093	.015	.123	.050	.106	.062	.105	.024	.110
F値		2.071**		3.780***		2.059**		5.109***		2.894***		2.273***	
調整済みR２乗		.042		.100		.042		.142		.074		.050	
N		320		326		311		322		308		313	

注：***p<.01，**p<0.5，*p<.10

パフォーマンスは異なることが明らかになった。個別の人事管理項目についてみると，昇進・昇格のスピードは，「人材の定着」「高度な専門人材の処遇」に有意な正の影響を，「人件費の抑制」に有意な負の影響を示した。賃金水準は，「優秀な人材の確保」「生産性の向上」に有意な正の影響を，「人件費の抑制」に有意な負の影響を示した。賃金テーブルは，賃金水準で有意な正の影響を示した「優秀な人材の確保」「生産性の向上」において，10%水準ではあるもののすべて有意な負の影響を示した。人事評価，昇進の上限，手当とその金額，教育訓練の機会は，いずれの組織パフォーマンスにも有意な影響を示さなかった。

なお，コントロール変数の限定要件については，勤務地限定ダミーが「優秀な人材の確保」「人材の定着」「WLBの実現」の組織パフォーマンス項目に対して有意な正の影響を示した。これに対して，仕事限定ダミーは，「優秀な人材の確保」と「生産性の向上」には有意な正の影響を示すものの，「WLBの実現」には有意な負の影響を示し，時間限定ダミーは，いずれの組織パフォーマンスにも有意な影響を示さなかった。

これらの結果は，次のことを示唆している。第１に，従業員のニーズに応じて勤務地を限定することは，企業にとって有益である。しかし第２に，時間を限定することによる企業側の効果は現時点では確認できず，その背景には，時間限定は，子どもが満３歳になるまで利用可能な短時間正社員制度の導入が育児・介護休業法に定められたことにより，一時的な制度としては導入が進んでいるものの，他の限定に比べて普及していないことが考えられる[10]。第３に，正社員の仕事の範囲を限定することは，従業員のWLBの実現を阻害する傾向にある。これは仕事の範囲が限定されると，生活との調和を図るために，職場における仕事配分を変える，代替要員を要請するなどして，仕事内容を調整することが難しくなるためであると考えられる。

4.4　勤務地限定，仕事限定を対象とした追加分析

前述の「4.3.3　分析結果」で示したとおり，限定要件によって，人事管理の組織パフォーマンスに及ぼす影響が異なることが示唆された。さらに限定正社員の処遇は，限定要件に応じて差が設けられていることが多いことから，以下では，限定正社員タイプ別に，人事管理と組織パフォーマンスとの関係を追加検討してみる。ただし，データ上の制約から，すべての限定正社員タイプについて検討することは難しいため，人事管理に関する変数の有効データ数が100件を超える勤務地限定タイプと仕事限定タイプのみを対象とする。また，前述の分析と同じ手法（重回帰分析）を用いたところ，大部分において回帰式のあてはまりが悪く統計的に有意なものでないことから，以下では，平均値の差の検定を用いる[11]。

勤務地限定の分析結果は**表4-10**，仕事限定の分析結果は**表4-11**に示した。

表4-10をみると，昇進のスピードが無限定正社員と同じ場合と異なる場合では，「高度な専門人材の処遇」「WLBの実現」に統計的に有意な差があることから，勤務地限定の昇進スピードを無限定正社員と同程度にするほうが，高度な業務・専門的な業務を担当する人材を処遇でき，従業員のWLBを実現できる。つぎに，賃金水準の適用状況は，「WLBの実現」で統計的に有意な差が確認され，賃金水準を無限定正社員と同水準にしないほうが，従業員のWLBの実現の効果が大きい。また有意な差が確認されなかったものの，賃金テーブルについても，無限定正社員と同じものを適用する場合に比べて，異なる場合のほうがWLBの実現の効果が大きい。これらのことは，勤務地限定の正社員には，働き方の違いを考慮して無限定正社員と異なる賃金管理を適用し，異なる水準の賃金を支給することがWLBの実現につながることを示唆している。手当とその金額についても同様の傾向がみられ，無限定正社員と異なる場合のほうが同じ場合よりも，「人材定着」，「高度な専門人材の処遇」の効果が大きく，その差が統計的に有意である。さらに教育訓練の機会は，「WLBの実現」に対して統計的に有意な差があり，勤務地限定正社員にも無限定正社員と同じ

ように教育訓練の機会を提供することが，従業員のWLBの実現につながる。

表4-11をみると，上記の勤務地限定の結果に比べて，仕事限定のほうがより多くの項目で統計的に有意な差が確認され，人事管理と組織パフォーマンスとの関係が強いことがわかる。とくに勤務地限定の場合には，「優秀な人材の確保」「生産性の向上」「人件費の抑制」といった組織パフォーマンスとの間には有意な差が確認されなかったが，仕事限定の場合には，昇進の上限，賃金水準を中心とした多くの人事管理項目で有意な差が確認された。個別の項目別にみていくと，人事評価は「優秀な人材の確保」「高度な専門人材の処遇」「生産性の向上」，昇進のスピードは「高度な専門人材の処遇」，昇進の上限は「優秀な人材の確保」「高度な専門人材の処遇」「生産性の向上」「人件費の抑制」，賃金水準は「優秀な人材の確保」「高度な専門人材の処遇」「WLBの実現」「生産性の向上」「人件費の抑制」，賃金テーブルは「優秀な人材の確保」「高度な専門人材の処遇」「人件費の抑制」，手当とその金額は「生産性の向上」，教育訓練の機会は「WLBの実現」でそれぞれ有意な差が確認された。このうち「WLBの実現」と「人件費の抑制」は，仕事限定正社員に無限定正社員と同じ人事管理を適用するよりも，異なる人事管理を適用するほうが効果は大きい。

4.5　小括

本章では，既存調査の二次分析により，限定正社員タイプ別の人事管理の現状を体系的に明らかにするとともに，限定正社員の人事管理が組織パフォーマンスに及ぼす影響を検討した。

前者の人事管理の現状からは，以下の３点が明らかになった。第１に，限定正社員と無限定正社員では働く上での条件が異なることから，異なる人事管理を適用する企業は少なくなく，限定要件が複数化するほどその差異は大きくなる。

第２に，時間限定は賃金管理，勤務地限定はそれ以外の評価や教育訓練の面で無限定正社員と同じ人事管理を適用する企業が多い傾向にあり，限定要件に

表4-10　人事管理の適用状況別にみた組織パフォーマンス：勤務地限定

		優秀な人材の確保					
		平均値	標準偏差	N	t 値	自由度	平均値
人事評価	無限定正社員と同じ	3.04	0.75	108	1.01	89.99	3.43
	無限定正社員と異なる	2.89	0.94	55			3.43
昇進のスピード	無限定正社員と同じ	3.00	0.77	85	0.32	155.00	3.48
	無限定正社員と異なる	2.96	0.88	72			3.35
昇進の上限	無限定正社員と同じ	3.00	0.70	42	0.62	175.00	3.35
	無限定正社員と異なる	2.91	0.84	135			3.42
賃金水準	無限定正社員と同じ	3.19	0.67	36	1.54	140.00	3.42
	無限定正社員と異なる	2.96	0.82	106			3.43
賃金テーブル	無限定正社員と同じ	2.94	0.80	52	－.28	159.00	3.35
	無限定正社員と異なる	2.98	0.83	109			3.47
手当とその金額	無限定正社員と同じ	2.94	0.85	109	－.74	159.00	3.37
	無限定正社員と異なる	3.04	0.74	52			3.54
教育訓練の機会	無限定正社員と同じ	3.03	0.73	123	1.34	50.83	3.42
	無限定正社員と異なる	2.79	1.03	39			3.47

		WLBの実現					
		平均値	標準偏差	N	t 値	自由度	平均値
人事評価	無限定正社員と同じ	3.46	0.63	114	1.35	167.00	2.81
	無限定正社員と異なる	3.31	0.74	55			2.89
昇進のスピード	無限定正社員と同じ	3.52	0.64	88	2.41	160.00**	2.93
	無限定正社員と異なる	3.27	0.69	74			2.74
昇進の上限	無限定正社員と同じ	3.28	0.70	43	−0.94	182.00	3.03
	無限定正社員と異なる	3.39	0.67	141			2.80
賃金水準	無限定正社員と同じ	3.24	0.80	37	−1.89	145.00*	2.97
	無限定正社員と異なる	3.48	0.62	110			2.74
賃金テーブル	無限定正社員と同じ	3.39	0.71	56	－.24	166.00	2.78
	無限定正社員と異なる	3.42	0.65	112			2.85
手当とその金額	無限定正社員と同じ	3.41	0.65	111	－.14	166.00	2.81
	無限定正社員と異なる	3.42	0.71	57			2.86
教育訓練の機会	無限定正社員と同じ	3.49	0.63	129	2.64	167.00***	2.88
	無限定正社員と異なる	3.18	0.75	40			2.69

注：***p<.01，**p<0.5，*p<.10

人材の定着				高度な専門人材の処遇				
標準偏差	N	t 値	自由度	平均値	標準偏差	N	t 値	自由度
0.62	114	−0.01	170.00	2.57	0.89	101	−0.23	85.63
0.60	58			2.62	1.11	52		
0.58	90	1.31	162.00	2.70	0.89	80	1.75	146.00*
0.65	74			2.43	1.01	68		
0.53	43	−0.67	186.00	2.71	0.87	38	1.02	165.00
0.64	145			2.53	0.95	129		
0.55	36	−0.10	146.00	2.81	1.00	32	1.27	131.00
0.64	112			2.57	0.90	101		
0.59	54	−1.13	168.00	2.58	0.87	48	.10	150.00
0.62	116			2.57	1.00	104		
0.62	113	−1.74	168.00*	2.48	0.94	102	−1.70	150.00*
0.60	57			2.76	0.98	50		
0.60	128	−0.40	169.00	2.60	0.90	114	0.29	54.96
0.67	43			2.54	1.14	39		

生産性の向上				人件費の抑制				
標準偏差	N	t 値	自由度	平均値	標準偏差	N	t 値	自由度
0.82	102	−0.54	153.00	2.94	0.83	104	0.41	155.00
0.75	53			2.89	0.72	53		
0.71	80	1.40	133.67	2.85	0.81	81	−0.80	148.00
0.86	70			2.96	0.79	69		
0.75	38	1.58	166.00	2.79	0.86	39	−0.86	169.00
0.78	130			2.92	0.82	132		
0.85	33	1.42	132.00	2.76	0.90	33	−1.06	135.00
0.78	101			2.93	0.80	104		
0.82	49	−.52	152.00	2.90	0.90	49	−.20	154.00
0.78	105			2.93	0.75	107		
0.81	104	−.38	152.00	2.92	0.78	105	.16	154.00
0.76	50			2.90	0.83	51		
0.78	116	1.27	153.00	2.97	0.78	118	1.40	155.00
0.83	39			2.77	0.84	39		

表4-11　人事管理の適用状況別にみた組織パフォーマンス：仕事限定

		優秀な人材の確保					
		平均値	標準偏差	N	t 値	自由度	平均値
人事評価	無限定正社員と同じ	3.15	0.80	60	2.80	116.00***	3.05
	無限定正社員と異なる	2.74	0.78	58			2.93
昇進のスピード	無限定正社員と同じ	3.04	0.81	56	1.17	111.00	3.11
	無限定正社員と異なる	2.86	0.79	57			2.89
昇進の上限	無限定正社員と同じ	3.16	0.82	133	1.97	262.00**	3.17
	無限定正社員と異なる	2.96	0.80	131			3.06
賃金水準	無限定正社員と同じ	3.18	0.68	39	2.60	92.00**	3.08
	無限定正社員と異なる	2.76	0.82	55			2.91
賃金テーブル	無限定正社員と同じ	3.08	0.77	39	1.81	108.00*	2.97
	無限定正社員と異なる	2.79	0.81	71			2.96
手当とその金額	無限定正社員と同じ	2.97	0.70	62	0.99	82.94	3.08
	無限定正社員と異なる	2.81	0.92	47			2.85
教育訓練の機会	無限定正社員と同じ	2.92	0.78	64	0.08	118.00	2.91
	無限定正社員と異なる	2.91	0.84	56			3.05

		WLBの実現					
		平均値	標準偏差	N	t 値	自由度	平均値
人事評価	無限定正社員と同じ	2.67	0.94	61	−0.24	118.00	3.05
	無限定正社員と異なる	2.71	0.85	59			2.71
昇進のスピード	無限定正社員と同じ	2.63	0.92	57	−0.66	113.00	3.00
	無限定正社員と異なる	2.74	0.87	58			2.77
昇進の上限	無限定正社員と同じ	2.80	0.89	130	1.32	258.00	3.23
	無限定正社員と異なる	2.65	0.89	130			2.87
賃金水準	無限定正社員と同じ	2.44	0.85	39	−1.72	92.00*	3.03
	無限定正社員と異なる	2.75	0.87	55			2.73
賃金テーブル	無限定正社員と同じ	2.51	0.88	39	−0.98	109.00	2.84
	無限定正社員と異なる	2.68	0.85	72			2.84
手当とその金額	無限定正社員と同じ	2.69	0.90	62	0.78	108.00	3.02
	無限定正社員と異なる	2.56	0.85	48			2.64
教育訓練の機会	無限定正社員と同じ	2.52	0.89	65	−1.91	120.00*	2.82
	無限定正社員と異なる	2.82	0.85	57			2.89

注：***p<.01，**p<0.5，*p<.10

人材の定着				高度な専門人材の処遇				
標準偏差	N	t 値	自由度	平均値	標準偏差	N	t 値	自由度
0.91	58	0.76	115.00	2.90	1.00	60	1.93	118.00*
0.78	59			2.57	0.89	60		
0.82	56	1.38	110.00	2.93	0.94	57	2.27	113.00***
0.82	56			2.53	0.92	58		
0.83	131	1.05	261.00	2.93	0.94	57	2.27	113.00***
0.82	132			2.53	0.92	58		
0.89	40	0.94	92.00	2.98	0.92	40	2.63	94.00**
0.83	54			2.46	0.95	56		
0.91	38	0.09	108.00	2.90	0.97	39	1.85	111.00*
0.81	72			2.55	0.92	74		
0.86	62	1.40	107.00	2.75	0.95	63	0.73	110.00
0.83	47			2.61	0.98	49		
0.85	64	−0.97	117.00	2.73	0.94	66	0.18	120.00
0.80	55			2.70	0.95	56		

生産性の向上				人件費の抑制				
標準偏差	N	t 値	自由度	平均値	標準偏差	N	t 値	自由度
0.88	59	2.23	116.00**	2.48	0.83	56	−0.82	114.00
0.77	59			2.62	0.92	60		
0.80	57	1.51	111.00	2.44	0.80	52	−1.45	109.00
0.83	56			2.68	0.90	59		
0.88	129	3.31	259.00***	2.29	0.89	129	−1.91	254.00*
0.89	132			2.50	0.86	127		
0.82	38	1.71	92.00*	2.14	0.63	37	−4.04	92.00***
0.82	56			2.81	0.88	57		
0.92	38	0.04	109.00	2.32	0.84	38	−2.53	108.00**
0.78	73			2.74	0.82	72		
0.73	63	2.32	85.40**	2.57	0.76	61	0.07	107.00
0.92	47			2.56	0.94	48		
0.80	66	−0.46	118.00	2.48	0.82	63	−1.37	116.00
0.86	54			2.69	0.88	55		

よって，人事管理のどの部分でどのように差を設けるかは異なる。時間限定の場合には，賃金の支給額は労働時間に応じて減給することが多く，その結果，時間当たり賃金を比較した場合に，無限定正社員と同程度である企業が多いと推測される。それに対して，勤務地限定の場合には，勤務地を柔軟に変えることができないことを考慮して，時間当たり賃金を無限定正社員より一定水準，低く設定している企業が多い。

第３に，仕事限定は，区分により人事管理にばらつきがみられ，無限定正社員以上に優遇する区分も少なくない。例えば，教育訓練の機会が無限定正社員より多い（「多い」と「やや多い」の合計）は16.6％，昇進・昇格のスピードが速い（「はやい」と「ややはやい」の合計）は7.5%，「昇進の上限がない」は50.8%，時間当たり賃金水準が高いは8.3%と，他の限定正社員タイプに比べて，これらの比率が高い。また「多元的な働き方調査」で限定正社員が担当する仕事レベルを確認すると，限定正社員全体では無限定正社員より高い（「高い」と「やや高い」）企業が16.4%であるのに対して，仕事限定は約３割と高いことから，仕事限定を高度な専門的業務を担当する人材を処遇する目的で導入している企業の存在が推測される。

次に，限定正社員の人事管理と組織パフォーマンスに関する分析結果をまとめたものが，**表４-12**である。主な結果は，以下となる。第１に，個別の人事

表４-12　**組織パフォーマンスに影響を及ぼす人事管理**

	優秀な人材の確保	人材の定着	高度な専門人材の処遇	WLBの実現	生産性の向上	人件費の抑制
人事評価						
昇進・昇格のスピード		＋	＋			−
昇進の上限						
賃金水準	＋				＋	−
賃金テーブル	−				−	
手当とその金額						
教育訓練の機会						

注：＋は正の影響，−は負の影響を示す。

管理の項目によって，影響を及ぼす組織パフォーマンスは異なる。この結果は，限定正社員に対して企業が期待する成果に応じて，検討すべき人事管理の項目が異なることを示唆している。

第２に，昇進・昇格のスピードは「人材の定着」「高度な専門人材の処遇」，時間当たりの賃金水準は「優秀な人材の確保」「生産性の向上」にそれぞれ正の影響を及ぼしているが，どちらの項目も人件費の抑制にはマイナス効果を示す。昇進・昇格のスピードや賃金水準を無限定正社員と同程度にすることは，企業にとっては人件費の増大を招く可能性が高く，人件費の抑制といった消極的な目的で，限定正社員を導入する企業にとっては逆効果となる。一方，限定正社員の活用を今後の人材活用戦略の重要な取り組みと捉えて導入する企業にとって，限定の有無に関係なく昇進・昇格を決定し，同水準の賃金を支給することは，人件費は増大するかもしれないが，人材の確保・定着，生産性向上等の多くの面で効果をもたらすだろう。

第３に，賃金管理についてである。時間当たりの賃金水準は，優秀な人材の確保，生産性の向上といった組織パフォーマンスにプラスの効果をもたらすが，賃金テーブルは，マイナスの効果をもたらす。つまり，無限定正社員の賃金テーブルをそのまま適用するのではなく，限定正社員のための賃金テーブルを設計する必要があることを示唆している。無限定正社員と同じ賃金テーブルを用いることは，限定正社員にも無限定正社員と同等の待遇を適用することにつながるが，それ以上に働き方の異なることを考慮して，賃金テーブルを分けることが重要なのかもしれない。

さらに本章では，限定正社員タイプによる違いを確認するために，勤務地限定と仕事限定を対象に，人事管理と組織パフォーマンスの関係について追加分析を行った。追加分析の結果から示唆されるのは，以下の２点である。第１に，勤務地限定に比べて，仕事限定において人事管理と組織パフォーマンスとの関係性が強いことが明らかになった。勤務地限定では，人事管理の「優秀な人材の確保」「生産性の向上」「人件費の抑制」に対する影響は確認されなかったが，仕事限定については，多くの人事管理の項目で影響が確認された。つまり，仕事限定の場合には勤務地や労働時間といった労働条件は，無限定正社員と同じであり，仕事の範囲が限定的であるとしても求められる成果は，無限定正社員と同じもしくはそれ以上であることから，無限定正社員と同じ人事管理を適用されなければ労働者の仕事に対する満足度が低下し，組織パフォーマンスを低下させる恐れがあると考えられる。

第２に，勤務地限定は，勤務地という限定要件による賃金格差（賃金水準や手当）を設ける企業で，組織パフォーマンスが高い傾向がみられることから，限定要件に基づきリスクプレミアム給や手当[12]などをきちんと設けることが，無限定正社員の不満を低減させ，組織にとってよい効果をもたらす。

このように，本章では，無限定正社員と限定正社員という働き方の違いを前提とした異なる社員区分間の公正性を担保し，限定正社員の活用を推進するために，企業にとって有益な人事管理のあり方を検討してきた。人事管理のどの点に着目するかは，企業が求める効果や活用する限定正社員タイプによって異なるが，今後，多様な働き方のニーズをもつ人材を積極的に活用していくためには，社員区分ごとに賃金テーブルを設計し，昇進・昇格のスピード，時間当たりの賃金水準の均衡をはかることが求められる。とくに勤務地限定正社員については，勤務地限定という働き方の特性を反映する賃金格差を設定する必要があり，そうでなければ無限定正社員から納得性を得ることができず，結果として組織パフォーマンスは低下する。

最後に，本章の分析の限界と今後の検討課題を述べる。第１に，データ上の制約から，人事管理と組織パフォーマンスとの関係について，いくつかの課題が残る。例えば，人事管理の各項目については，同じ（同程度）制度が適用されているかという限定された観点から分析するにとどまり，限定正社員が無限定正社員より優遇されている場合や適用の程度（「すべて同じ」，「一部で同じ」の違い）を考慮した分析ができていない。

第２に，限定正社員という言葉は社会に浸透しつつあるが，その定義は調査や企業によって異なる。そのため限定正社員のタイプごとの特徴を議論する際には，どのような社員区分を指すのかを明確にする必要がある。本章では「多元的な働き方調査」に沿う形で勤務地，労働時間，仕事といった３つの限定要件を前提とした定義を用いたが，他の調査との整合性を十分に考慮した上で，厳密に限定正社員タイプを把握できているとはいえない。また，改正労働契約法に基づく無期転換後の社員区分を考えると，西村（2014）が行った限定正社員の導入目的も限定正社員のタイプ分けとして重要な視点である。今後，限定正社員の活用が進むに伴って，より幅広い視点での限定正社員の多様性を考慮した検討が必要であり，そのためのデータの蓄積が求められる。

付表２ 変数の記述統計と相関係数

	平均	標準偏差	1	2	3	4	5	6
1 正社員数（対数）	4.956	1.562	1.000					
2 製造業ダミー	0.205	0.403	0.071***	1.000				
3 非正社員比率	0.272	0.248	−0.180***	−0.156***	1.000			
4 勤務地限定ダミー	0.521	0.500	0.131***	0.161***	0.059	1.000		
5 仕事限定ダミー	0.663	0.473	−0.118***	−0.191***	−0.003	−0.440***	1.000	
6 時間限定ダミー	0.125	0.331	0.018	−0.201***	−0.032	−0.103***	−0.189***	1.000
7 人事評価	0.540	0.499	0.022	−0.027	0.039	0.056	−0.196***	−0.073
8 昇進・昇格のスピード	0.480	0.500	−0.023	−0.009	0.059	−0.006	−0.083*	−0.071
9 昇進の上限	0.391	0.488	−0.004	−0.149***	−0.028	−0.257***	0.137***	0.040
10 賃金水準	0.326	0.469	0.095*	−0.169***	0.007	−0.168***	0.099**	0.091*
11 賃金テーブル	0.331	0.471	0.109**	−0.193***	0.060	−0.065	−0.040	0.118**
12 手当とその金額	0.585	0.493	0.137***	−0.007	−0.072	0.077*	−0.084*	−0.041
13 教育訓練の機会	0.611	0.488	0.098**	0.082*	0.072	0.096**	−0.219***	−0.043

	7	8	9	10	11	12
1 正社員数（対数）						
2 製造業ダミー						
3 非正社員比率						
4 勤務地限定ダミー						
5 仕事限定ダミー						
6 時間限定ダミー						
7 人事評価	1.000					
8 昇進・昇格のスピード	0.300***	1.000				
9 昇進の上限	0.160***	0.218***	1.000			
10 賃金水準	0.241***	0.225***	0.288***	1.000		
11 賃金テーブル	0.331***	0.255***	0.261***	0.470***	1.000	
12 手当とその金額	0.318***	0.104**	0.001	0.199***	0.226***	1.000
13 教育訓練の機会	0.287***	0.356***	0.105**	0.144***	0.207***	0.197***

注：***p<.01，**p<0.5，*p<.10

注

1　限定正社員の定義は調査によって大幅に異なり，「JILPT調査」では，限定正社員を４つのカテゴリーに分けて調査している。４つのカテゴリーの定義は以下のとおりである。①一般職社員は，主として事務を担当する職員で，おおむね非管理職層として勤務することを前提としたキャリア・コースが設定された社員，②職種限定社員は，特定の職種のみに就業することを前提に雇用している社員，③勤務地限定社員は，特定の事務所において，または転居しないで通勤可能な範囲にある事業所においてのみ就業することを前提に雇用している社員，④所定勤務時間限定社員は，所定勤務時間のみ就業することを前提に雇用している社員と定義している。なお一般職社員は通常，職種限定かつ勤務地限定であるが，同調査では職種限定および勤務地限定は「一般職社員」以外を指す。

2　「多様な形態による正社員調査」では，多様な正社員として集計に用いる４つのカテゴリーについて，以下のとおり定義している。①職種限定とは，就業規則や労働契約で仕事の範囲を限定していないが，実際の範囲は限定されている，あるいは就業規則や労働契約で仕事の範囲を限定している。②労働時間限定Aとは，所定労働時間が，同一企業における他の雇用区分に比べ，相対的に短い。③労働時間限定Bとは，就業規則や労働契約で，所定外労働を行うこともあると定めていない。④勤務地限定とは，就業規則や労働契約で，勤務地を「転居を伴わない地域への異動」に限定している，あるいは就業規則や労働契約で，勤務地を「採用時の勤務地のみ」に限定している。

3　「多元的な働き方調査」における限定の定義は，以下のとおりである。①時間限定とは，所定労働時間がフルタイムではない，②仕事限定とは，担当する仕事の範囲を，職種（事務職，営業職，生産職，研究開発職等）や，それよりも狭い仕事の範囲（渉外担当事務，内勤営業，外勤営業，金融ディーラー，証券アナリスト，医師，保育士等）で限定している，③勤務地限定１とは，勤務地を限定しており，転居を伴う異動はない（店舗限定正社員等），④勤務地限定２とは，勤務先の地域を限定しており，その地域内では転居を伴う異動がある（エリア限定正社員等）。

4　「JILPT調査」では，限定正社員の賃金について非正社員との比較も行っており，限定正社員の労働条件は，無限定正社員と非正社員の中間的な水準であることを明らかにしている。

5　有効回答企業1,782社のうち限定正社員区分を持つのは619社であり，限定正社員区分数の１社当たりの平均は1.77区分である。なお同調査の回答企業の属性については第２章「2.2　調査対象と方法」を，限定正社員タイプ別の特徴については第３章「3.3　限定正社員タイプの特徴」を参照してほしい。

6　「多元的な働き方調査」では，勤務地限定を２カテゴリーに分類し調査しているが，本章の分析では，注３の勤務地限定１と勤務地限定２を合わせたものを勤務地限定とする。

7 「多元的な働き方調査」では，昇進の可能性（どの役職まで昇進することができるか）を調査しているが，「JILPT調査」によると，100人以上の事業所でみた場合の「実際の昇進状況（役職に就いている人がいるか否か）」は，「役職者なし」が21.1%，「現場のリーダー」60.0%，「主任・係長」62.9%，「課長クラス」52.5%，「部長クラス」43.2%である。

8 個別人事管理の適用率には，人事評価は「すべて同じ」の比率，昇進・昇格のスピードは「同程度」の比率，昇進の上限は「上限はない」の比率，時間当たりの賃金水準は「同程度」の比率，「賃金テーブル」は「同じ」の比率，支給される手当や金額は「差がない」の比率，教育訓練の機会は「同程度」の比率をそれぞれ用いた。

9 従業員側に及ぼす影響については，正社員や非正社員の働く意欲や格差納得感への意識（守島, 2011），限定正社員の賃金満足度（高橋, 2013）や仕事満足度（戸田, 2015）などの研究がある。

10 厚生労働省（2012）によると，約５割の企業が「多様な正社員」の雇用区分を導入しており，そのうち職種限定の区分を85.2％，勤務地限定の区分を37.1％の企業が導入しているのに対して，労働時間限定の区分を導入している企業は14.2％と少ない。

11 回帰式のあてはまりをよくするためには，コントロール変数として追加の変数を投入することが考えられるが，いずれもデータ件数が100余りと少ないことから，同分析においてこれ以上の追加変数の投入は適切でないと判断した。

12 リスクプレミアム手当の詳細については今野（2012）を参照してほしい。

参考文献

青山悦子（2014）「非正規雇用と『多様な正社員』」『嘉悦大学研究論集』第56巻２号，pp.1-19.

今野浩一郎（2012）『正社員消滅時代の人事改革』日本経済新聞出版社.

厚生労働省（2012）『「多様な形態による正社員」に関する研究会報告』.
http://www.mhlw.go.jp/stf/houdou/2r985200000260c2.html（参照日：2016年10月30日）

高橋康二（2013）「限定正社員のタイプ別にみた人事管理上の課題」『日本労働研究雑誌』第636号, pp.48-62.

鶴光太郎・久米功一・戸田淳仁（2016）「多様な正社員の働き方の実態─RIETI

『平成26年度正社員・非正社員の多様な働き方と意識に関するWeb調査』の分析結果より―」*RIETI Policy Discussion Paper Series* 16-P-001.
戸田淳仁（2015）「限定正社員の実態―企業規模別における賃金，満足度の違い―」『日本労働研究雑誌』第655号, pp.110-118.
西岡由美・小曽根由実（2015）「限定正社員の活用が経営成果に及ぼす影響」『経営行動科学学会第18回全国大会報告論集』.
西村純（2014）「タイプ別に見た限定正社員の人事管理の特徴―正社員の人事管理や働き方に変化をもたらすのか？―」『日本労働研究雑誌』第650号, pp.16-29.
みずほ情報総研株式会社（2015）『多元的な働き方に関する取組の事例集・雇用管理上の留意点に関する周知啓発等事業報告書』(2014年度厚生労働省委託事業).
守島基博（2011）「『多様な正社員』と非正規雇用」*RIETI Discussion Paper Series* 11-J-057.
労働政策研究・研修機構（2011）『平成22年８月実施JILPT「多様な就業形態に関する実態調査」―事業所調査／従業員調査―』JILPT 調査シリーズNo.86.
――――（2012）『「多様な正社員」の人事管理―企業ヒアリング調査から―』資料シリーズNo.107.
――――（2013）『「多様な正社員」の人事管理に関する研究』労働政策研究報告書No.158.
Becker, B. E. and Huselid, M. A.（2006）“Strategic Human Resources Management：Where Do We Go From Here?”, *Journal of Management*, 32（６）, pp.898-925.
Bowen, D.E. and Ostroff, C.（2004）“Understanding HRM-firm performance linkages：The role of the ‘strength’ of the HRM system”, *Academy of Management Review*, 29（２）, pp.203-221.
Kaufman, B. E.（2010）“SHRM Theory in the Post Huselid Era: Why It Is Fundamentally Misspecified,” *Industrial Relations*, 49（２）, pp.286-313.
Wei, L.Q., Liu, J. and Herndon, N.（2011）“SHRM and Product Innovation: Testing the Moderating Effects of Organizational Culture and Structure in Chinese Firms,” *International Journal of Human Resource Management*, 22（１）, pp. 19-33.
Wright, P. M., Gardner, T. M. and Moynihan, L.M.（2003）“The Impact of HR Practices on the Performance of Business Units,” *Human Resource Management Journal*, 13（３）, pp. 21-36.

第5章 多様な正社員（限定正社員）の活用と経営パフォーマンス
―転換制度の調整効果に着目して―

5.1　限定正社員の活用と転換制度

限定正社員制度の導入は，企業にとって人材の確保，配置に関わる重要な人事戦略であり，企業の経営上の大きな課題といえる。そのため，限定正社員制度の導入の是非を検討するには，第４章で検討した組織パフォーマンスへの影響にとどまらず，同制度が最終的な経営パフォーマンスに与える影響も考慮する必要がある。

また，その際には無限定正社員への転換制度との組み合わせの効果について考えておく必要がある。企業内の異なる雇用区分間の転換については非正社員の研究を中心に進められ，パートタイマーから正社員への転換制度は，将来的に正社員に登用される機会を提供するという意味で，長期的な公正性を確保する施策であり（島貫，2007），パートタイマーと正社員との均衡処遇やパートタイマーのモチベーションの向上，キャリア形成を議論する上で，重要な施策として位置付けられてきた（佐藤，2004；島貫，2007；武石，2008；余合・平野，2012など）。限定正社員においても同様に，雇用区分の相違による組織内での公正性を確保し，限定正社員の活用を活性化するために，転換制度が果たす役割は大きいことが想定される。

そこで，本章では，第４章に続き，みずほ情報総研株式会社の「多元的な働き方調査」の「企業アンケート調査」を用いて，限定正社員の活用が経営パフォーマンスに与える影響を検討するとともに，限定正社員の活用を進める上で転換制度が果たす役割について検討する。

5.2 先行研究と分析枠組み

限定正社員の先行研究は，いくつか存在するが，大きく限定正社員の活用・就業実態を概観する研究（労働政策研究・研修機構，2012；2013；高橋，2013；平野，2013a；西村，2014；戸田，2015など）と，企業内の従業員の境界設計の観点からの研究（平野，2008；2010；西村・守島，2009；西村，2011；余合・平野，2012；余合，2014など）に分類される。

正社員の雇用区分の多元化は，進んでいるものの（佐藤・佐野・原，2003；今野，2012），限定正社員の定義や活用方法は，企業によって多様である。その実態を明らかにしている前者の先行研究としては，限定正社員の活用と人事管理の実態を事例ベースで明らかにしたもの（西村，2014），民営事業所およびそこで雇用される従業員を対象としたアンケート調査によって，職種限定正社員と勤務地限定正社員の活用・就業実態を整理するとともに，人事管理上の課題についての解決策を検討したもの（高橋，2013），企業規模の差に注目しながら従業員アンケート調査に基づき，限定正社員の実態を明らかにし，さらに限定正社員である人とそうでない人の年収や仕事満足度の違いを明らかにしたもの（戸田，2015），限定正社員制度の有無別に人事管理や非正社員の質的基幹化・正社員転換制度の導入の違いを明らかにしたもの（平野，2013a）などがあり，限定正社員の活用・就業実態がさまざまな視点から把握されている。しかし，これらの研究は限定正社員の実態把握を目的としているため，多様な正社員の活用実態を包括的に把握していない。限定正社員の活用を検討する上で重要なことは，限定正社員を含めた多様な正社員の組み合わせに注目することである。なぜなら，同じように限定正社員制度を導入している企業であっても，限定正社員の組み合わせによって活用実態が異なるからである。

こうした企業内の人材の組み合わせを検討する代表的な理論枠組みとしては，

人材ポートフォリオ論がある。人材ポートフォリオとは，企業が業務内容に応じて社員をどのように区分し，異なる区分の社員をどのように活用することが有効かを分析するものである（大橋，2015)。しかしながら，人材ポートフォリオ論では，理論的な研究は進んでいるが，どのような人材ポートフォリオが経営パフォーマンスに結びつくのかに関する実証研究は，あまり進んでいない。また，西村・守島（2009）が指摘するように，内部労働市場論に範囲を広げてみても，非正社員と正社員の二区分を対象とした研究が中心であり，正社員の人材ポートフォリオに主眼を置いた研究はほとんどない。

一方，企業内の境界設計の観点からの研究[1]では，組織内公正性に着目し，働き方や勤労意識の異なる複数の人材群が存在しているにもかかわらず，単一の処遇体系が正社員に適用される場合には，人材群間の不公正を知覚する可能性があることや（平野，2013b)，無限定正社員，限定正社員，非正社員の働く意欲や格差納得感への限定正社員制度の影響は限定内容によって異なること（余合，2014）が明らかになっている。また，働く意欲や格差納得感に与える要因として，転換制度の果たす役割が大きい。余合・平野（2012）によると，限定正社員制度の導入は，企業内労働市場を三層化することによって，非正社員の正社員への転換を容易にする[2]。さらに，限定正社員から正社員への転換制度を転換ルートの多様性，転換制度の開放性，透明性，手段性といった４つの概念で分類した西村（2011）によると，転換制度のタイプによって雇用区分意識の強さや従業員の賃金満足度は異なる。

先行研究の知見をふまえると，本章で扱う限定正社員は，これまで日本企業がとってきた無限定正社員を中心とした内部労働市場の柔軟化を意味し，企業の人事管理に大きな変化をもたらすことから，企業戦略や目標を実現するための事業戦略に連動する重要な問題である。そこで，本章では多くの先行研究で扱われてきた賃金満足度や組織内公正性といった従業員視点ではなく，限定正社員の活用が経営パフォーマンスに及ぼす影響に着目したい。

本章の具体的な分析枠組みは，**図５-１**のとおりである。第１に，限定正社員の活用は企業の経営パフォーマンスに結びつくのか（分析１)。また，その

図5-1　分析の枠組み

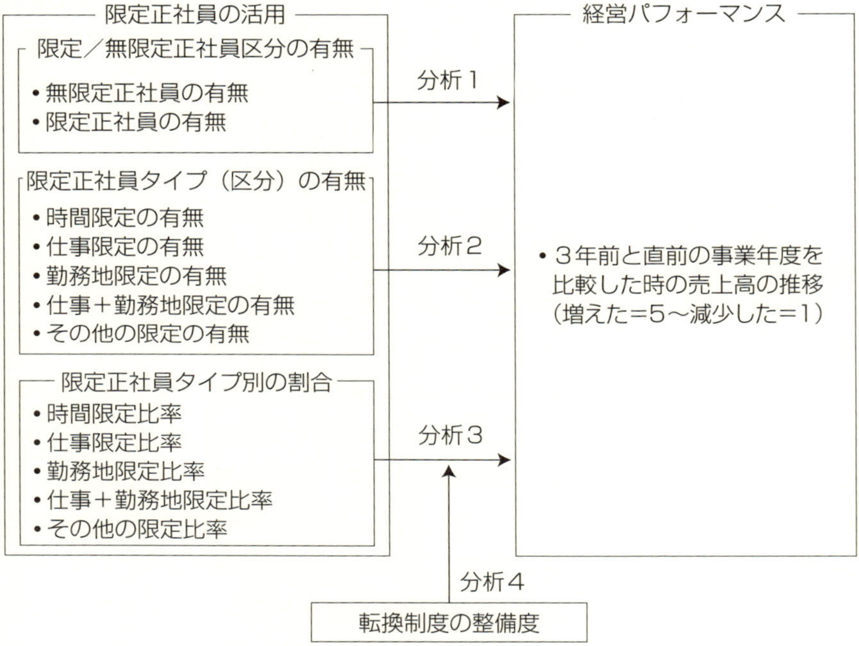

傾向は限定正社員のタイプによって異なるのか。限定正社員のタイプの有無とともに（分析2），多様な正社員の組み合わせをみるために，各限定正社員タイプの活用の程度（限定正社員に占める当該タイプの割合）に注目して検討する（分析3）。第2に，先述のとおり，限定正社員の活用による経営パフォーマンスへの影響は転換制度の状況によって異なることが考えられるため，転換制度がこれらの関係に及ぼす調整効果を検討する（分析4）。

5.3　限定正社員の活用が経営パフォーマンスに及ぼす影響

5.3.1　変数の説明

限定正社員の活用が企業の経営パフォーマンスに及ぼす影響を重回帰分析により検討するにあたり，「多元的な働き方調査」の「企業アンケート調査」

データ[3]を用いて，以下の変数を設定した。

まず従属変数には，３年前と直前の事業年度を比較した時の売上高の推移（増えた＝５～減少した＝１）[4]を用いる。売上高の推移の平均値は3.36（標準偏差1.35）である。

独立変数は，限定正社員の活用（雇用区分の有無とその割合）と転換制度に関する変数である。雇用区分の有無は，まず無限定正社員ダミー（あり＝１，なし＝０），限定正社員ダミー（あり＝１，なし＝０）を設定した。ついで，「多元的な働き方調査」の結果より，導入企業が多い限定正社員タイプの上位４つと「その他」の合計５タイプについて，限定正社員タイプ別のダミー変数（①時間限定ダミー（区分あり＝１，なし＝０），②仕事限定ダミー（区分あり＝１，なし＝０），③勤務地限定ダミー（区分あり＝１，なし＝０），④仕事＋勤務地限定ダミー（区分あり＝１，なし＝０），⑤その他の限定ダミー（区分あり＝１，なし＝０））を設定した。限定正社員の割合については，限定正社員全体に占める上記５タイプの割合を用いる。なお，５つの限定正社員タイプの合計は100％であることから[5]，このうち最も比率の高い「仕事限定」を，レファレンスとして用いる。ただし，転換制度との交互作用の検討に際しては，仕事限定を含む５つの限定正社員タイプのそれぞれについて確認したいため，回帰式を分けて分析する。

さらに転換制度の尺度として，①限定正社員から無限定正社員，②無限定正社員から限定正社員への転換制度について，それぞれ「制度も慣行もない」を０点，「制度はないが，慣行がある」を１点，「制度がある」を２点とし，合計点を算出した（以下，「転換制度の整備度」）。

コントロール変数としては，対数変換した正社員総数，業種ダミー（「サービス業」を基準に，それぞれ該当＝１，非該当＝０），設立年（1969年以前＝１，70年代＝２，80年代＝３，90年代＝４，2000年代＝５，2010年以降＝６），労働組合ダミー（ある＝１，ない＝０），女性比率（対正社員総数）を設定した。分析に用いた主な変数の平均値，標準偏差と変数間の相関は，付表３のとおりである。

5.3.2 分析結果

分析結果は，**表5-1**と**表5-2**に示したとおりである。Model 1は，独立変数に無限定正社員と限定正社員の区分を設けているか否か，Model 2は，5つの限定正社員タイプの雇用区分を設けているか否かについてダミー変数を投入，Model 3は，限定正社員全体に占める各限定正社員タイプの割合を投入したものである。さらにModel 4は，Model 3の独立変数に転換制度の整備度を追加投入したものであり，Model 5から9は，各限定正社員タイプの比率と転換制度の整備との交互作用を検討したものである[6]。

分析結果より，以下の5点が注目される。第1に，Model 1において，無限定正社員ダミーと経営パフォーマンスとの間には有意な関係は確認できないが，限定正社員ダミーは有意な正の影響を示した。つまり，限定正社員の雇用区分を設定している企業は，設定していない企業に比べて経営パフォーマンスが高いことが確認された。

第2に，Model 2において10%水準であるものの，仕事限定ダミーが経営パフォーマンスに有意な正の影響を示したが，それ以外の限定正社員タイプは，有意な影響を示さなかった。Model 1の結果より，限定正社員の雇用区分を持つ企業ほど経営パフォーマンスが高いことが確認されたが，経営パフォーマンスにつながるのは，仕事を限定している限定正社員の場合であり，本分析からは，時間や勤務地を限定することと経営パフォーマンスとの間に直接的な関係は示されなかった。

第3に，Model 3において，勤務地限定正社員比率と仕事＋勤務地限定正社員比率が経営パフォーマンスに有意な負の影響を示した。これは，企業内で勤務地や仕事と勤務地の両者を限定した働き方をする正社員の比率が増加すると，経営パフォーマンスが低下する可能性を示唆している。

第4に，Model 4 の転換制度は，経営パフォーマンスに正の係数を示したが，有意な影響ではなく，転換制度の整備状況と経営パフォーマンスとの間には，直接的な関係は示されなかった。

第5に，限定正社員の比率と転換制度との交互作用効果についてである。

表5-1　限定正社員の活用が経営パフォーマンスに及ぼす影響①：重回帰分析結果

		Model1		Model2		Model3		Model4	
		β	標準誤差	β	標準誤差	β	標準誤差	β	標準誤差
	（定数）	2.542***	.177	2.634***	.156	2.893***	.239	2.939***	.281
企業属性	正社員数（対数）	.165***	.025	.169***	.025	.184***	.036	.159***	.045
	建設業ダミー	.080***	.126	.081***	.126	.148***	.187	.185***	.204
	製造業ダミー	−.030	.089	−.026	.089	.009	.133	.046	.155
	電気・ガス・水道業ダミー	−.010	.292	−.010	.293	.015	.436	−.002	.476
	運輸・通信業ダミー	−.006	.111	−.010	.112	−.071*	.179	−.065	.212
	卸・小売業ダミー	.065**	.097	.067**	.097	.062	.149	.042	.166
	金融・不動産業ダミー	−.051*	.140	−.046*	.141	−.037	.201	−.023	.214
	設立年	.082***	.024	.082***	.024	.086**	.036	.088*	.044
	正社員に占める女性比率	−.073***	.166	−.075***	.168	−.094**	.252	−.084*	.320
	労働組合ダミー	−.123***	.080	−.123***	.080	−.070	.125	−.065	.144
限定／無限定区分の有無	無限定正社員ダミー	.033	.113						
	限定正社員ダミー	.069**	.098						
限定正社員タイプ（区分）の有無	時間限定ダミー			−.010	.197				
	仕事限定ダミー			.060*	.095				
	勤務地限定ダミー			.014	.103				
	仕事＋勤務地限定ダミー			.001	.125				
	その他の限定ダミー			.018	.192				
限定正社員比率	時間限定正社員比率					−.013	.003	−.037	.003
	勤務地限定正社員比率					−.073*	.001	−.087*	.002
	仕事＋勤務地限定正社員比率					−.111***	.002	−.134***	.002
	その他の限定正社員比率					−.036	.003	.002	.004
	転換制度の整備度							.062	.044
	F値	6.855***		5.551***		3.500***		2.771***	
	調整済みR2乗	.045		.044		.055		.056	
	N	1,503		1,497		480		284	

注：***p<.01, **p<0.5, *p<.10

表5-2 限定正社員の活用が経営パフォーマンスに及ぼす影響②：重回帰分析結果

		Model5		Model6		Model7		Model8		Model9	
		β	標準誤差	β	標準誤差	β	標準誤差	β	標準誤差	β	標準誤差
企業属性	（定数）	2.275***	.475	2.160***	.469	2.309***	.471	2.520***	.452	2.173***	.477
	正社員数（対数）	.200**	.076	.177**	.072	.185**	.074	.209**	.071	.206**	.074
	建設業ダミー	.228***	.322	.244***	.317	.227***	.323	.225***	.306	.238***	.318
	製造業ダミー	.071	.234	.091	.225	.073	.229	.066	.218	.079	.226
	電気・ガス・水道業ダミー	.091	.742	.089	.728	.096	.747	.112	.732	.094	.735
	運輸・通信業ダミー	−.066	.375	−.080	.366	−.070	.374	−.073	.359	−.095	.377
	卸・小売業ダミー	.058	.241	.059	.239	.046	.244	.076	.230	.069	.240
	金融・不動産業ダミー	−.094	.269	−.091	.266	−.106	.278	−.089	.257	−.085	.267
	設立年	.085	.067	.125*	.066	.093	.067	.121*	.064	.092	.067
	正社員に占める女性比率	.102	.629	.136*	.558	.128	.574	.085	.546	.117	.564
	労働組合ダミー	−.153*	.209	−.139*	.205	−.160*	.210	−.099	.203	−.145*	.208
限定正社員比率	時間限定正社員比率	.042	.005								
	仕事限定正社員比率			.144*	.003						
	勤務地限定正社員比率					.039	.002				
	仕事＋勤務地限定正社員比率							−.273***	.002		
	その他の限定正社員比率									.131	.005
転換制度の整備度		.042	.061	.006	.061	.022	.066	−.044	.061	.039	.061
限定正社員比率×転換制度の整備度	時間限定正社員比率×転換制度の整備度	−.030	.003								
	仕事限定正社員比率×転換制度の整備度			−.203***	.001						
	勤務地限定正社員比率×転換制度の整備度					.018	.001				
	仕事＋勤務地限定正社員比率×転換制度の整備度							.215***	.001		
	その他の限定正社員比率×転換制度の整備度									.018	.003
F値		2.008**		2.678***		2.000**		3.455***		2.248***	
調整済みR２乗		.065		.104		.065		.145		.079	
N		284		284		284		284		284	

注：***p<.01，**p<0.5，*p<.10

Model 6 の仕事限定正社員比率と転換制度の整備度の交互作用項は，経営パフォーマンスに有意な負の影響を示したが，Model 8 の仕事＋勤務地限定正社員比率と転換制度の整備度の交互作用項は，有意な正の影響を示した。図５-２は，「仕事限定正社員比率」と「転換制度の整備度」の交互作用効果をグラフ化したものである。交互作用効果のグラフ化に際しては，「仕事限定正社員比率」および「転換制度の整備度」の中央値を基準にサンプルを分割し，それぞれ「仕事限定正社員比率：高い／低い」「転換制度の整備度：高い／低い」とした。この図をみると，まず転換制度の整備が進んでいない場合には，仕事限定正社員比率の高低による経営パフォーマンスの差は大きいが，転換制度の整備が進んでいる場合には，仕事限定正社員比率の高低による差が小さくなる。これは，転換制度の整備が進む企業ほど，仕事限定正社員比率の増大による経営パフォーマンスの効果が小さくなることを示している。さらに，仕事限定正

図５-２　仕事限定正社員比率と転換制度の整備度の交互作用効果

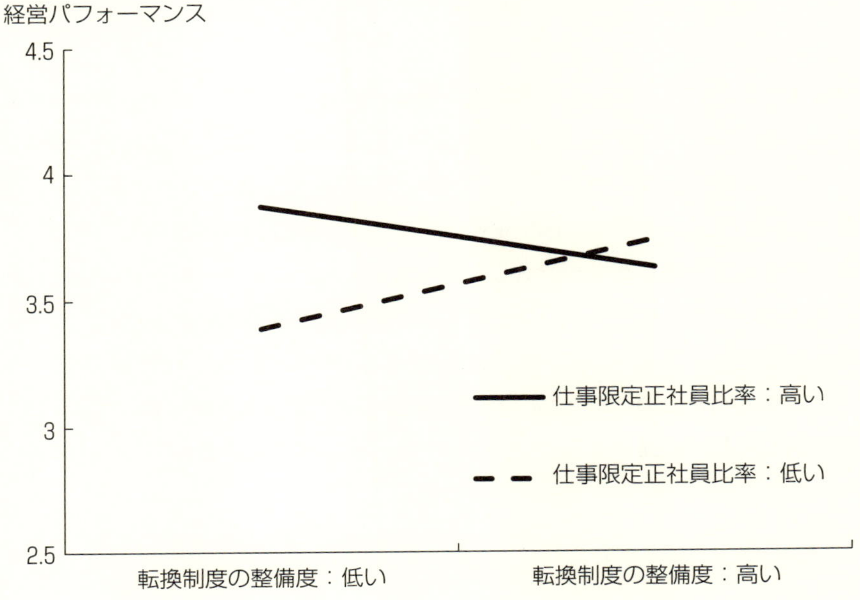

図5-3　仕事＋勤務地限定正社員比率と転換制度の整備度の交互作用効果

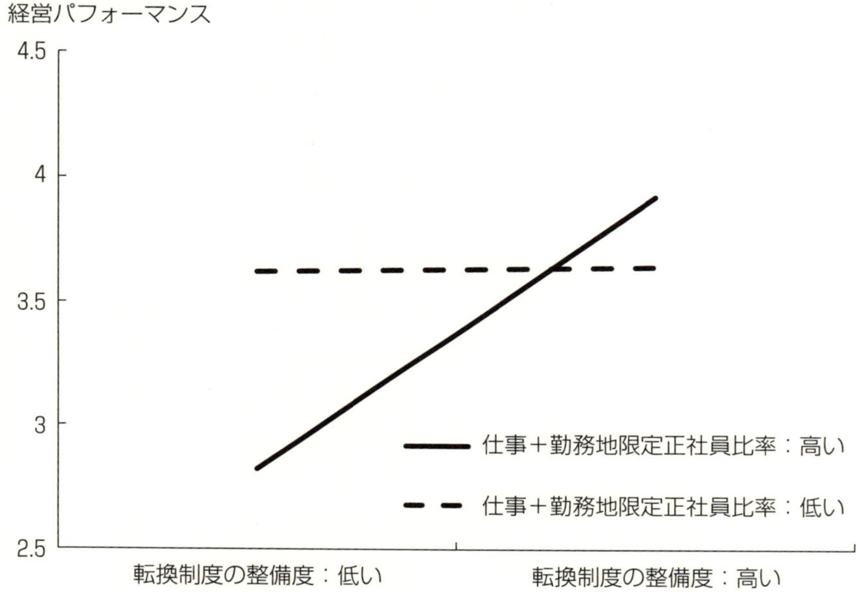

社員比率が低い場合には，転換制度の整備が進むほど経営パフォーマンスが高いのに対して，仕事限定正社員比率が高い企業の場合には，転換制度の整備度が高まると逆に経営パフォーマンスは低下する。また図5-3は，図5-2と同様の手順で「仕事＋勤務地限定正社員比率」と「転換制度の整備度」の交互作用効果をグラフ化したものである。この図をみると，仕事＋勤務地限定正社員比率が高い企業と低い企業では転換制度の整備度の調整効果が異なり，仕事＋勤務地限定正社員比率が高い場合に転換制度の整備が進むと，経営パフォーマンスがより高まるのに対して，仕事＋勤務地限定正社員比率が低い場合には，転換制度の整備状況に関係なく経営パフォーマンスに与える影響は一定である。

5.4　小括

5.4.1　結論

本章では，限定正社員の活用が経営パフォーマンスに与える影響と，その際に転換制度が果たす役割を統計的に検討してきた。分析の結果，主な結論として以下の３点が指摘できる。

第１に，人事管理上，雇用区分として限定正社員区分を設けることは経営パフォーマンスを高め，とくに担当する仕事の範囲を限定する仕事限定タイプとの間で有意な正の関係が確認された。先行研究において，仕事が限定されている人ほど仕事満足度が高いといった傾向が確認されていることから（戸田，2015），労働時間や勤務地といった就労条件による限定と異なり，職務や職種といった仕事内容の限定は，従業員にとっては比較的受け入れやすく，企業にとっても従業員をスキルや専門性に応じて活用できるといった利点があり，両者がWin-Winの関係を構築できる雇用区分であることが示唆された。

第２に，従来の研究は，限定正社員区分の有無についてのみ注目しているが，限定正社員区分の有無と活用の程度（限定正社員の割合）では，経営パフォーマンスに及ぼす影響が異なる。限定正社員比率による分析結果から，仕事限定正社員をレファレンスとした場合に，勤務地限定正社員比率や仕事＋勤務地限定正社員比率の増大は経営パフォーマンスに負の影響を及ぼす。これは，企業内の勤務地限定正社員数の増大は，職場における配置や異動の柔軟性を阻害し，配置・異動のマネジメント・コストの増大につながる恐れがあるからかもしれない。

第３に，限定正社員の活用に際して転換制度の果たす役割についてである。分析の結果，転換制度が果たす役割は，当該企業が活用する限定正社員のタイプによって異なる。仕事限定正社員は，その比率が低い場合には転換制度の整備度の効果は大きいが，割合の増大に伴い効果は小さく，むしろ経営パフォーマンスを低下させる。これに対して仕事＋勤務地限定正社員は，その割合が小さい場合には，転換制度の整備度の影響はみられないが，割合が大きい場合には，転換制度の整備度が高まるほど経営パフォーマンスが高まる。このような違いが生じている背景には，同じ限定正社員であってもタイプによって人材活用戦略が異なることが考えられる。第３章で示したように，仕事限定正社員は，高度な業務・専門的な業務を担当する人材を処遇することを目的に導入される傾向にあり，担当する職務や職種が明確で，無限定正社員とは異なる高度な専門業務に従事している正社員が多く含まれていることが想定される。そのため，広範囲の職務に従事する，いわゆるゼネラリスト型の無限定正社員との間で転換を行うことは，仕事限定正社員の専門性に基づいたキャリアアップを阻害し，彼（彼女）らの不満を増大させるだけでなく，職場の仕事配分を複雑化し，結果として経営パフォーマンスを悪化させる恐れがある。一方，第３章で示したとおり，仕事＋勤務地限定正社員には，かつては「一般職正社員」と呼ばれていた正社員が多く含まれており，基幹業務を担当する無限定正社員に対して，周辺的業務に従事していることが想定される。これまでも一般職から総合職への転換は，企業にとって意欲や能力の高い人材の確保につながってきた。仕事＋勤務地限定正社員比率が増大する中で転換制度の整備度を高めると転換の対象となる優秀な人材が多数出現することから，採用リスクが軽減され，即戦力として期待できる総合職を確保できることになり，企業にとってのメリットは大きい。また，転換制度によって一般職から総合職へのキャリア形成の道筋を示すことは，一般職に対して将来的に総合職に転換できる期待を高め，それが経営パフォーマンスにつながっているとも考えられる。

さらに組織内公正性の理論枠組みを用いて，パートタイマーの基幹労働力化が賃金満足度に与える影響を分析した島貫（2007）によると，パートタイマーと正社員の仕事内容が類似してくると，パートタイマーはパートタイマーよりも正社員を比較対象に選ぶようになる。本章の分析結果からは，仕事限定正社員は転換制度の導入により，組織内での比較対象の選択が変わる可能性が示唆された。図5-2のとおり，転換制度が未導入の場合は，仕事限定正社員は仕事限定正社員の区分にとどまることを想定し，組織内公正性の比較対象を同じ区分の仕事限定正社員とするため，彼（彼女）らのモチベーションは決して低くない。しかし，転換制度が導入されると比較対象は無限定正社員が含まれるようになり，それまではあまり意識されなかった仕事限定正社員と無限定正社員の処遇の違いに対する不満が高まり，それがモチベーションの低下に作用することが考えられる。

5.4.2　含意

本章の分析結果から得られる含意は，以下のとおりである。

第１に，限定正社員制度の導入は，全体的には企業経営にとってプラスの影響を及ぼすが，限定正社員のタイプによっても，活用の程度によっても影響度は異なる。具体的には，限定正社員タイプの中で，経営パフォーマンスに正の影響が確認できたのは仕事限定正社員のみであり，さらに限定正社員の中で，仕事限定正社員に比べて仕事＋勤務地限定正社員，勤務地限定正社員の比率が増加すると，経営パフォーマンスは減少する。そのため，企業が限定正社員の導入を検討する際には，自社の経営戦略を鑑み，どのタイプの限定正社員をどの程度活用するのかを熟考した上で導入すべきである。

第２に，非正社員の先行研究では，転換制度が果たす役割の重要性が指摘されてきたが，限定正社員については，限定正社員のタイプおよび活用の程度によって転換制度の効果に違いがみられる。本章の分析結果から，仕事＋勤務地限定正社員といったいわゆる一般職正社員を積極的に活用している企業では，転換制度を積極的に導入する企業ほど，経営パフォーマンスによい影響が現れるが，仕事限定正社員を積極的に活用している企業では，転換制度が経営パフォーマンスを阻害する可能性が示唆された。限定正社員タイプの中で最も導入企業が多く，他の限定正社員に比べて活用が進んでいる仕事限定正社員は，担当する仕事の範囲が限定されていることから，専門性の高い仕事に従事している可能性が高い。その結果，仕事限定正社員を積極的に活用している企業では，無限定正社員と限定正社員の職域分離が進んでおり，職務が全く異なる両者をつなぐキャリアルート（つまり転換制度）を整備することは，混乱を招く恐れがある。また，組織内公正性の比較対象に関する先行研究をふまえると，仕事限定正社員の場合には，無限定正社員と仕事内容の類似性が低く，仕事限定正社員の公正性の比較対象は，無限定正社員ではない可能性が考えられる。そのため仕事限定正社員の積極的な活用に際しては，公正性確保のために無限定正社員への転換制度を充実させるのではなく，無限定正社員との明確な職域分離を前提とした人事管理を行う必要がある。

5.4.3 今後の検討課題

最後に，本章の限界と今後の検討課題を述べる。

第１に，限定正社員タイプによって，経営パフォーマンスに及ぼす影響が異なることが示唆されたが，なぜそのような違いが生じたのかについて，十分な検証ができていない点である。この点を明らかにするためには，各タイプの特徴や人材活用戦略，さらには人事管理の違いを検討する必要がある。

第２に，西村・守島（2009）が指摘するように，人材ポートフォリオを動態的に捉える上では，転換制度は導入されているだけではなく，どの雇用区分からどれくらい異動できるのか，転換ルートが単線なのか複線なのかが重要である。また，改正労働契約法に基づく無期転換への対応を考えると，非正社員と限定正社員間の転換制度についても考慮する必要があり，転換制度の役割については，これらを念頭により詳細な分析が求められる。

第３に，二次データ分析におけるデータ制約上の限界である。本章では，経営パフォーマンスとして３年前と比較した売上高の推移を用いたが，企業の営業活動のパフォーマンスをより正確に把握するためには，より客観的かつ経営パフォーマンスに直結した財務データが必要である。また，限定正社員の活用が経営パフォーマンスに及ぼす因果関係については，厳密な分析が行えていない。本章では限定正社員の活用が経営パフォーマンスを高めるという観点から分析を行ったが，経営パフォーマンスが限定正社員の活用のあり方を規定することも大いに考えられる。因果推定を行うためには，時間横断的なデータを入手し，本結果を再検討する作業が今後必要である。

付表3 主な変数の記述統計と相関係数

		平均	標準偏差	1	2	3	4	5
1	売上高の推移	3.363	1.345	1.000				
2	無限定正社員ダミー	0.726	0.513	−0.021	1.000			
3	限定正社員ダミー	0.198	0.762	0.041*	−0.240***	1.000		
4	時間限定ダミー	0.031	0.175	−0.023	−0.153***	0.231***	1.000	
5	仕事限定ダミー	0.159	0.365	0.061**	−0.531***	0.556***	0.011	1.000
6	勤務地限定ダミー	0.150	0.358	0.038	−0.157***	0.537***	−0.054**	−0.043*
7	仕事＋勤務地限定ダミー	0.089	0.285	0.011	−0.250***	0.400***	−0.056**	0.008
8	その他の限定ダミー	0.036	0.187	0.012	−0.226***	0.249***	0.022	0.006
9	時間限定正社員比率	5.559	22.556	−0.031	0.079**	0.068*	0.815***	−0.165***
10	仕事限定正社員比率	40.010	47.822	0.024	−0.074*	0.211***	−0.152***	0.877***
11	勤務地限定正社員比率	29.761	44.487	0.020	0.375***	0.172***	−0.164***	−0.446***
12	仕事＋勤務地限定正社員比率	20.504	38.762	−0.083**	0.134***	0.137***	−0.134***	−0.290***
13	その他の限定正社員比率	4.166	18.456	−0.032	0.008	0.068*	−0.043	−0.146***
14	転換制度の整備度	1.680	1.733	0.103**	0.429***	0.565***	0.017	−0.064
	正社員数（対数）	4.956	1.562	0.109***	0.077***	0.083***	−0.063**	0.042*
	建設業ダミー	0.071	0.283	0.067***	0.014	0.042*	−0.022	0.004
	製造業ダミー	0.196	0.415	−0.021	0.012	0.007	0.009	−0.074***
	電気・ガス・水道業ダミー	0.001	0.123	−0.005	−0.002	0.023	−0.003	−0.047*
	運輸・通信業ダミー	0.103	0.327	−0.012	0.005	−0.030	−0.035	0.029
	卸・小売業ダミー	0.132	0.359	0.069***	0.056**	0.028	−0.049*	−0.034
	金融･不動産業ダミー	0.047	0.244	−0.055**	0.053**	0.071***	−0.023	−0.022
	設立年	2.339	1.533	0.048**	−0.018	−0.061***	0.013	−0.012
	女性比率	0.295	0.231	−0.070***	−0.079***	−0.044*	0.107***	0.031
	労働組合ダミー	0.374	0.484	−0.062**	0.063***	0.000	−0.078***	0.009

注：***p<.01，**p<0.5，*p<.10

6	7	8	9	10	11	12	13	14
1.000								
0.229***	1.000							
−0.007	0.102***	1.000						
−0.183***	−0.128***	−0.041	1.000					
−0.505***	−0.341***	−0.186***	−0.143***	1.000				
0.742***	−0.252***	−0.170***	−0.124***	−.367***	1.000			
0.014	0.857***	−0.049	−0.100***	−.289***	−.224***	1.000		
−0.128***	−0.034	0.726***	−0.032	−.139***	−.109***	−0.060	1.000	
0.331***	−0.053	−0.035	−0.025	0.015	.375***	0.006	−0.018	1.000
0.203***	0.044*	−0.064**	−0.168***	−0.070*	.233***	−0.043	−0.124***	0.366***
0.017	0.017	−0.028	0.019	−0.009	0.067*	0.041	−0.003	0.020
0.050**	0.010	−0.020	0.033	−.135***	0.068*	0.017	−0.018	0.058
0.022	0.065***	0.024	0.057	−0.074*	−0.014	0.112***	−0.003	0.044
−0.053**	−0.025	0.020	0.004	.099**	−.080**	−0.004	0.034	−0.071
0.060**	0.020	−0.037	−0.077**	−0.053	.101***	0.024	−0.030	0.110**
0.113***	0.013	−0.027	0.005	−0.063	.173***	0.019	−0.046	0.165***
−0.070***	−0.031	0.000	0.028	0.016	−0.065*	−0.034	0.033	−0.127**
−0.088***	−0.004	0.069***	0.119***	0.032	−.142***	−0.070	0.027	−0.101*
0.097***	−0.003	−0.050**	−0.113***	−0.013	.136***	0.004	−0.088**	0.161***

注

1　企業内の境界設計の観点からの研究は，企業内の正社員と非正社員を中心に進められ，正社員と非正社員間の雇用の境界上に，中間形態のハイブリッドを設けることが企業にとって合理的であることや，正社員への転換制度がパートの賃金満足度やモラール，組織内の公正性に影響を及ぼす可能性が示されてきた（島貫，2007；2012；平野，2008；2009；江夏，2011など）。

2　具体的には，非正社員から正社員への転換制度が，多様な正社員の導入に与える効果を検討しており，正社員と非正社員をつなぐ多様な正社員の雇用区分を，転換制度を通じて設けることが効果的であることを実証研究によって明らかにしている。

3　「多元的な働き方調査」の詳細については，第２章，第３章を参照してほしい。また「多元的な働き方調査」では，「勤務地を限定しており，転居を伴う異動はない（店舗限定正社員等）」と「勤務先の地域を限定しており，その地域内では転居を伴う異動がある（エリア限定正社員等）」を区分けしているが，他の章と同様に，本分析ではこの２つのタイプをまとめて「勤務地限定」とする。

4　経営パフォーマンスをみる変数としては，労働生産性，利益率等も考えられるが，「多元的な働き方調査」では，「売上高の推移」しか経営パフォーマンスに関する設問がないため，本分析では同変数を経営パフォーマンスの変数として用いる。

5　「多元的な働き方調査」では，正社員（雇用期間に定めのない者）のグループについて，５グループを超える場合には主たる５グループを回答させているため，６グループ以上の正社員グループを設定している企業では，５グループの合計は100%にはならない。そのため本分析では，５グループ以上の企業は分析から除外した。

6　多重共線性を回避するために，交互作用項については，平均値の修正手続き（mean centering）を行った上で変数を投入するとともに，回帰式をModel５から９に分けて検討した。

参考文献

＜参考文献＞
青山悦子（2014）「非正規雇用と『多様な正社員』」『嘉悦大学研究論集』第56巻２号，pp.1-19.
今野浩一郎（2012）『正社員消滅時代の人事改革』日本経済新聞出版社.

江夏幾多郎（2011）「正規従業員と非正規従業員の間での均衡処遇と組織パフォーマンス」『経営行動科学』第24巻１号，pp.1-16.
大橋勇雄（2015）「人材のポートフォリオと派遣労働」『日本労働研究雑誌』第664号, pp.87-91.
荻野登・渡辺木綿子（2007）「正社員登用・転換制度―再挑戦をサポートする企業―」『Business Labor Trend』2007年６月号, pp.2-9.
厚生労働省（2012）『「多様な形態による正社員」に関する研究会報告』.
佐藤博樹（2004）「若年者の新しいキャリアとしての『未経験者歓迎』求人と『正社員登用』機会」『日本労働研究雑誌』第534号, pp.34-42.
――――（2008）「人材活用における雇用区分の多元化と処遇の均等・均衡の課題」『組織科学』第41巻３号，pp.22-32.
佐藤博樹・佐野嘉秀・原ひろみ（2003）「雇用区分の多元化と人事管理の課題―雇用区分間の均衡処遇」『日本労働研究雑誌』第518号, pp.31-46.
佐野嘉秀（2011）「正社員登用の仕組みと非正社員の仕事経験―技能形成の機会への効果に着目して―」『社會科學研究』第62巻３・４合併号, pp.25-55.
島貫智行（2007）「パートタイマーの基幹労働力化が賃金満足度に与える影響―組織内公正性の考え方をてがかりに―」『日本労働研究雑誌』第568号, pp. 63-76.
――――（2010）「雇用の境界から見た内部労働市場の分化」『組織科学』第44巻２号，pp.16-29.
――――（2012）「日本企業における正規社員の人事管理と職場のモラール―正規・非正規の境界設計のモデレート効果―」『日本経営学会誌』第30号, pp.51-63.
高橋康二（2013）「限定正社員のタイプ別にみた人事管理上の課題」『日本労働研究雑誌』第636号, pp.48-62.
武石恵美子（2008）「非正社員から正社員への転換制度について」『日本労働研究雑誌』第573号, pp.50-53.
戸田淳仁（2015）「限定正社員の実態―企業規模別における賃金，満足度の違い―」『日本労働研究雑誌』第655号, pp.110-118.
中村圭介（2015）「人材ポートフォリオの編成―スーパーと百貨店の事例研究から―」『日本労務学会誌』第16巻１号, pp.4-20.
西岡由美・小曽根由実（2015）「限定正社員の活用が経営成果に及ぼす影響」『経営行動科学学会第18回全国大会報告論集』.
西村純（2014）「タイプ別に見た限定正社員の人事管理の特徴―正社員の人事管理や働き方に変化をもたらすのか？―」『日本労働研究雑誌』第650号, pp.16-29.
西村孝史（2011）「多様な正社員と転換制度―雇用区分の越境設定が働く意欲に与える影響―」『経営行動科学学会第14回全国大会報告論集』pp.134-139.
西村孝史・守島基博（2009）「企業内労働市場の分化とその規定要因」『日本労働

研究雑誌』第586号, pp.20-33.
朴弘文・平野光俊（2008）「非正規労働者の質的基幹化と組織の境界」『日本労務学会誌』第10巻1号, pp.17-30.
平野光俊（2008）「人材ポートフォリオの動態的・個別的マネジメント―HRM方針と非典型労働者の態度ギャップの経験的考察―」『国民経済雑誌』第197号, pp.25-48.
――――（2009）「内部労働市場における雇用区分の多様化と転換の合理性―人材ポートフォリオ・システムからの考察―」『日本労働研究雑誌』, 第586号, pp.5-19.
――――（2010）「三層化する労働市場―雇用区分の多様化と均衡処遇―」『組織科学』第44巻2号, pp.30-43.
――――（2013a）「『多様な正社員』と雇用の境界―三層労働市場モデルからの分析―」上林憲雄（編）『変貌する日本型経営―グローバル市場主義の進展と日本企業―』中央経済社, pp.177-197.
――――（2013b）「多様な正社員と組織内公正性」『国民経済雑誌』第208巻1号, pp.21-36.
みずほ情報総研株式会社（2015）『多元的な働き方に関する取組の事例集・雇用管理上の留意点に関する周知啓発等事業報告書』(2014年度厚生労働省委託事業).
守島基博（1996）「人的資源管理と産業・組織心理学―戦略的人的資源管理論のフロンティア―」『産業・組織心理学研究』第10巻1号, pp.3-14.
――――（2011）「『多様な正社員』と非正規雇用」*RIETI Discussion Paper Series* 11-J-057.
余合淳（2014）「雇用区分の相違に着目した公正感の規定因に関する実証分析」『日本労務学会第44回全国大会研究報告論集』pp.116-123.
余合淳・平野光俊（2012）「『多様な正社員』制度導入企業の特徴とその合理性―質的基幹化, 転換制度, 人事管理方針との関連性に着目して―」『経営行動科学学会第15回年次大会報告論集』pp.249-254.
労働政策研究・研修機構（2012）『「多様な正社員」の人事管理―企業ヒアリング調査から―』資料シリーズNo.107.
――――（2013）『「多様な正社員」の人事管理に関する研究』労働政策研究報告書No.158.
Atkinson, J. A. (1985) "Flexibility, Uncertainty and Manpower Management", *IMS Report,* 89, Brighton：Institute of Manpower Studies.
Becker, B. E. and Huselid, M. A. (2006) "Strategic Human Resources Management：Where Do We Go From Here? ", *Journal of Management,* 32 (6), pp.898-925.
Boxall, P. and Purcell, J. (2015) *Strategy and Human Resource Management*：

Management, Work and Organisations, 4 th edition, New York : Palgrave Macmillan.

Lepak, D. P. and Snell, S. A. (1999) "The Human Resource Architecture : Toward a Theory of Human Capital Allocation and Development", *Academy of Management Review*, 24 (1), pp.31-48.

——— (2002) "Examining the Human Resource Architecture : The Relationship among Human Capital, Employment, and Human Resource Configurations", *Journal of Management*, 28, pp.517-543.

第 II 部

多様な非正社員に関する実証研究

第6章　多様な非正社員の人事管理
―人材ポートフォリオの視点から―[1]

6.1　非正社員の多様化

非正社員の人事管理についての先行研究の多くは，正社員との比較に焦点を絞り，非正社員の多様性は，あまり考慮してこなかった。しかしながら，第2章で明らかになったように，雇用区分の多様化が進行し，非正社員の中で複数の雇用区分が設定されている現状からすると，従来の正社員と非正社員という二分割の枠組みでは，企業の非正社員の活用や人事管理の実態を把握することが難しくなっている。さらに，非正社員の人事管理の規定要因はさまざま考えられるが，雇用区分間の均衡処遇の重要性に鑑みると，非正社員の多様化は，非正社員の雇用区分間の均衡処遇の問題を顕在化させ，多様な非正社員全体を視野に入れた人事管理のあり方を問うことになろう。

そこで，本章では，同一企業内で就労する「契約社員・準社員」「パートタイマー・アルバイト」「嘱託社員」といった異なる非正社員グループの人材ポートフォリオの実態をより詳細に検討した上で，非正社員の人材ポートフォリオのあり方が非正社員の人事管理に及ぼす影響を検討する。

6.2　非正社員の人事管理に関する先行研究

わが国では，これまで企業の人材を正社員と非正社員に大きく区分し，人事管理のあり方についてさまざまな議論が行われてきた。しかしながら，同一企業内における雇用区分の多元化や雇用区分の組み合わせの多様化により，正社員と非正社員といった従来の枠組みでは，企業の人事管理のあり方を検討することが難しくなっている（佐藤・佐野・原，2003；島貫，2011；今野，2010など）。例えば蔡（2007）は，非正社員の中で賃金に代表される労働条件の多様化が進んでいる点を指摘し，非正社員に関する研究における非正社員の多様性の視点の重要性を主張している。さらに仁田（2011）は，パートタイマー・アルバイトの短時間就労中心型と契約社員・派遣社員のフルタイム就労中心型からなる非正社員の二層構造を指摘し，パートタイマー・アルバイトと契約社員・派遣社員では，労働時間，年収，学歴構成の面で違いがあることを明らかにしている。また島貫（2011）は，正社員と非正社員の仕事の重なりや非正社員の就業形態に注目し，非正社員の活用が，正社員は中核的業務に従事させ非正社員は周辺的な業務に従事させるという伝統的なタイプから幾つかのタイプに分化していることを指摘している。

第2章で述べたとおり，このような多様な雇用区分の設定とその合理的な組み合わせについては，1990年代半ば以降，人材ポートフォリオとして議論されてきた。しかしながら，人材ポートフォリオの研究の基本的な問題関心は，「Make」（長期雇用で内部育成する正社員）と「Buy」（短期雇用で市場から適宜スポット調達する非正社員）の境界設計にある（平野，2009）。そのため，非正社員の増大に伴い[2]，職務やスキルが高度化し，基幹労働力化する非正社員が増えているという現状をふまえると，「Make」と「Buy」の選択を中心とする人材ポートフォリオの考え方を，日本にそのまま当てはめて議論することは困難である。さらに，企業がある事業を遂行するには，必要とされる人材を異なるタイプの社員に分類するだけでは，ポートフォリオを編成することはできず，それぞれのタイプがどの程度必要か，つまり労働需要の質と量を同時に決定する人材タイプ別の要員決定メカニズムが必要となる（中村，2015）。そこで，本章では，日本企業の非正社員の活用実態に適合した人事管理のあり方を検討するために，非正社員の人材ポートフォリオを，①非正社員の雇用比率

（全従業員数に占める非正社員の割合）という量の面，②非正社員が担当する仕事レベルという質の面の２つの側面から捉えることとする。なお，本章ではそれぞれを区別するために，前者を量的ポートフォリオ，後者を質的ポートフォリオと呼ぶ。

また非正社員の活用と人事管理との関係については，すでに多くの研究が蓄積されており，非正社員の基幹労働力化のためには，人事管理の整備が重要であることが指摘されている（武石，2003；西本・今野，2003；本田，2007；有賀・神林・佐野，2008など)。基幹労働力化とは，正社員との対比で非正社員がどの程度，高度な仕事に就いているか，つまり非正社員と正社員の分業構造を示す概念である（武石，2003)。そのため，非正社員が多様化し，正社員と非正社員の分業構造が，従来の正社員と非正社員といった単純な組み合わせから，正社員と非正社員グループ１と非正社員グループ２といった多様な組み合わせに変化すると，人事管理のあり方はそれに合わせて変化することになろう。

その時に，とくに問題となるのは，均衡処遇である。自分の処遇が公正に決定されているのか（つまり，均衡処遇が実現されているのか）を判断する場合，通常，労働者は個人属性に基づく比較対象を選択するが，役割内容などの状況特性が類似するほど，状況特性に基づいて比較対象を選択するようになる（島貫，2007；2012；平野，2013)。そのため，例えば基幹パートは自らの処遇水準の妥当性を判断する際に，比較対象として職務を同じくする正社員を選ぶ傾向にある（島貫，2007)。このようにして，非正社員の基幹労働化は，正社員との均衡処遇の必要性を高めるが，一方で，非正社員の多くが意識する比較対象は，正社員ではなく非正社員であるとの実証結果もある（奥西，2008)。つまり，図6-1に示すように，人事管理の視点からすると，非正社員グループが多様化すると，正社員と非正社員との均衡（between）とともに，異なる非正社員グループ間の均衡（within）への対応が求められる。そこで，これら２つの均衡を検討することの重要性を念頭に置いた上で，本章では，多様な非正社員の組み合わせと人事管理との関係を検討するための第１段階として，正社員と複数の非正社員グループとの均衡（between）に着目する。

図6-1　均衡の捉え方

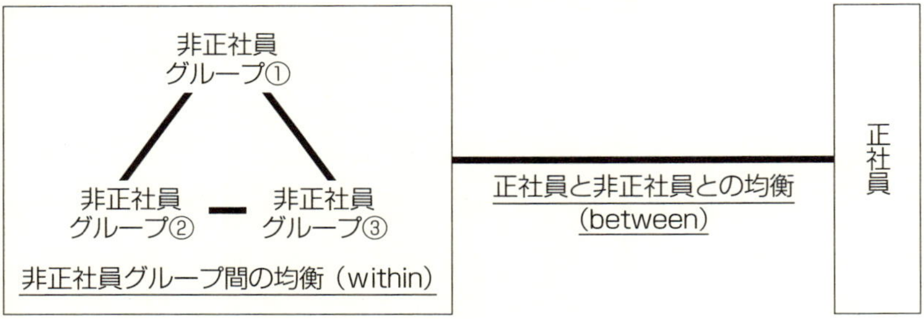

6.3　研究課題とデータ

本章の研究課題を改めて整理すると，次の２点である。第１に，同一企業内における多様な非正社員グループの活用実態を，前述の量的ポートフォリオ，質的ポートフォリオの観点から明らかにする。非正社員の人材ポートフォリオに適合した人事管理のあり方を検討するためには，まずは，多様な非正社員グループの活用実態を，量と質の２つの側面から正確に把握することが必要だからである。

先行研究では，非正社員の基幹労働化が進むほど，正社員と非正社員間の均衡処遇の必要性が高まることが指摘されているが，これらの研究は，非正社員全体もしくは特定の非正社員に着目した研究が中心であり，非正社員の人材ポートフォリオが正社員との均衡処遇にもたらす影響は解明されていない。そこで，非正社員の量的，質的ポートフォリオと人事管理との関係を分析することにより，非正社員の人材ポートフォリオが非正社員の人事管理に及ぼす影響を明らかにする。これが，第２の研究課題である。この研究課題に応える統計分析を行う際に問題になることは，非正社員の人事管理の特性を計量的にどのように捉えるかである。本章では，どの程度正社員に近い制度がとられているかの視点から非正社員の人事管理の特性を計量化する。

また，本章で用いるデータは，2014年７月に実施した「多様な働き方に関する調査」である。同調査の詳細については，第2章を参照してほしい。本章では，第2章と同様に，非正社員が「契約社員・準社員（以下，契約社員）」「パートタイマー・アルバイト（以下，パートタイマー）」「嘱託社員」から構成されていることを前提とし，これら3つのグループの組み合わせから非正社員の人材ポートフォリオを捉える。

6.4　人材ポートフォリオの実態

6.4.1　非正社員の量的ポートフォリオ

第2章では，多様な非正社員の雇用実態を把握するために，「多様な働き方に関する調査」の全有効回答を対象に，3つの非正社員グループの組み合わせと非正社員全体に占める各非正社員グループの雇用比率の傾向を確認した。これに対して，本章では，多様な非正社員グループを雇用したときに，企業がどのような人材ポートフォリオをとり，それが人事管理にどのような影響を及ぼすのかを明らかにするために，契約社員，パートタイマー，嘱託社員の3つの非正社員グループをすべて雇用している「すべて雇用」の419社に絞り[3]，人材ポートフォリオの現状を確認する。

まず，「すべて雇用」企業における契約社員，パートタイマー，嘱託社員の雇用比率（いずれも対従業員総数）[4]をみると，パートタイマーが平均17.9％（標準偏差19.7）で最も高く，これに契約社員が平均11.4％（標準偏差13.1），嘱託社員が平均3.4％（標準偏差3.8）で続いている。また，最大値をみると，パートタイマーは92.4％，契約社員は79.7％であるのに対して，嘱託社員は27.6％にとどまり，3つの非正社員グループのうち嘱託社員の雇用は，それほど進んでいないことがわかる。

さらに，これら雇用比率をクラスター分析することにより，企業がどのような量的ポートフォリオをとっているのかをみる。分析の結果，4つのタイプが抽出された（図6-2参照）。タイプ1は，他のタイプに比べて契約社員，パートタイマー，嘱託社員のすべての雇用が少ない企業群である（以下，「非正社員消極活用型」）。タイプ2は，契約社員の雇用比率が平均32.0％と高い企業群

図6-2 量的ポートフォリオ（雇用比率）：全非正社員グループ対象

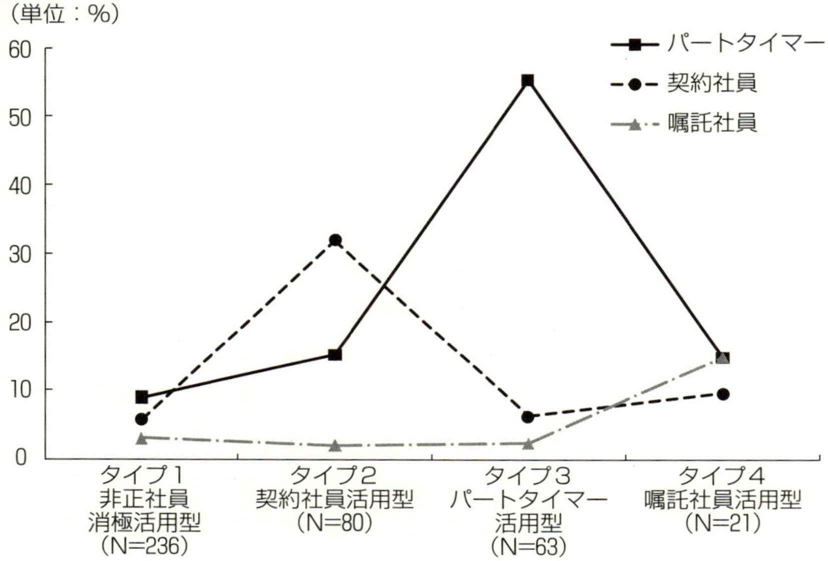

であり（以下，「契約社員活用型」），タイプ3は，パートタイマーの雇用比率が平均55.3%と従業員の約半数をパートタイマーが占めている企業群であり（以下，「パートタイマー活用型」），タイプ4は，他のタイプに比べ嘱託社員の雇用比率が高い企業群である（以下，「嘱託社員活用型」）。このうち，最も多いのは「非正社員消極活用型」であり，全体の6割を占めている。

この4つの企業タイプと企業属性との関係をみると，業種別には，医療・福祉業で「契約社員活用型」，運輸業で「嘱託社員活用型」，製造業と情報通信業と金融・保険・不動産業で「非正社員消極活用型」，教育・学習支援業で「パートタイマー活用型」が多い。企業規模別には，大手企業ほど「パートタイマー活用型」が多く，「非正社員消極活用型」が少ないといった特徴がみられる。

さらに，各企業タイプで雇用される非正社員の職種の特徴をみると，「契約社員活用型」は契約社員を専門職・技術職や事務職に，パートタイマーを専門職・技術職に，嘱託社員を事務職，サービス職に多く従事させている。「パートタイマー活用型」は，契約社員とパートタイマーを営業・販売職やサービス職に従事させる傾向がみられる。「嘱託社員活用型」は契約社員，パートタイマー，嘱託社員にかかわらず専門職・技術職が少なく，生産工程・労務作業者が多いといった特徴が確認された。「非正社員消極活用型」は，とくに傾向はみられなかった。

6.4.2　非正社員の質的ポートフォリオ

質的な側面から，非正社員の人材ポートフォリオの現状を確認する。「多様な働き方に関する調査」では，正社員と同等の仕事をしている人がいる場合には，その仕事レベルが，正社員のどの等級（ランク）の仕事に対応しているかを回答してもらい[5]，正社員と同等の仕事をしている人がいない場合には，正社員の高卒初任格付けの仕事と比較し，３段階（やや低い=０，低い=－１，とても低い=－２）で回答してもらっている。

そこで，まず正社員と同等の仕事をしている人がいる場合の各非正社員グループの仕事レベルを箱ひげ図にした。**図6-3**に示すように，嘱託社員が平均5.6等級とかなり高いレベルの仕事を担当しているのに対して，契約社員は平均3.7等級と大卒初任格付よりほぼ１等級上のレベル，パートタイマーは平均3.0等級と大卒初任格付けレベルとなっている。また，同じ非正社員グループ内での仕事レベルの幅をみると，嘱託社員が平均1.9等級（最大6.6―最小4.7等級）と同じ嘱託社員の中でのばらつきが大きく，パートタイマーは平均0.7等級（最大3.3―最小2.6等級）とばらつきが小さい。

さらに，正社員と同等の仕事をしている人がいない場合について，前述の３段階の回答結果をみると，パートタイマーが平均－0.5と低く，契約社員と嘱託社員はともに平均－0.2である。以上のように，同じ非正社員であっても，非正社員グループによって担当する仕事レベルにかなりばらつきがみられる。

この非正社員の担当する仕事レベルをもとに，クラスター分析をした。分析にあたっては**図6-3**で示した，正社員と同等の仕事をしている人がいる場合には対応する等級レベルを，いない場合には高卒初任格付けを基準とした等級

図6-3　非正社員グループ別の仕事レベル

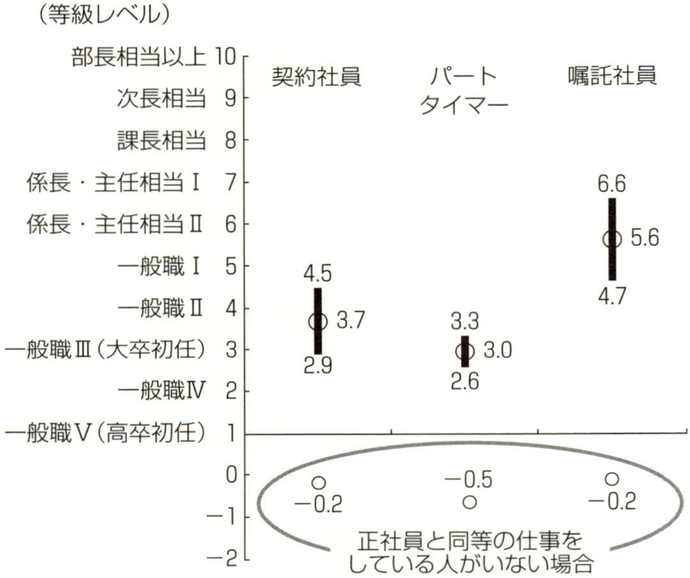

注：高低線の上部の値は，当該グループで最も高いレベルの仕事を担当しているとした企業の等級（最大値），下の値は最も低いレベルの仕事を担当しているとした企業の等級（最小値）を示し，○は回答企業の平均値を示したものである。

レベルのデータを用いた[6]。**図6-4**に示すように，４つの企業タイプが抽出された。最も多いのはタイプ１であり，パートタイマーと契約社員に比べて，嘱託社員の仕事レベルが６等級と非常に高い企業群である（以下，「嘱託社員戦力化型」）。タイプ２は，すべての非正社員グループについて，平均すると，大卒初任格付け等級レベル以上の仕事を任せており，非正社員全体に高度な仕事を任せている企業群である（以下，「非正社員戦力化型」）。タイプ２と対照的にタイプ３は，非正社員が担当する仕事レベルが低く，最も高い契約社員でさえも平均0.92と１等級以下であることから，正社員と同等レベルの仕事を担当している非正社員が少ない企業群である。いいかえると，正社員と非正社員では，担当する仕事が明確に区分されている企業群である（以下，「職域分離

図6-4　質的ポートフォリオ（仕事レベル）：全非正社員グループ対象

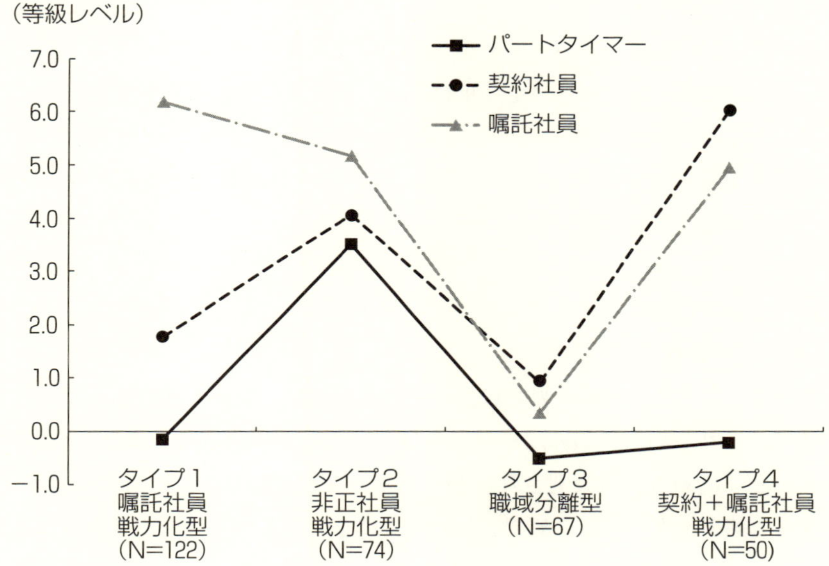

型」)。タイプ4は，パートタイマーに比べて，嘱託社員と契約社員の仕事レベルが非常に高い企業群である（以下，「契約＋嘱託社員戦力化型」)。

これら企業タイプと企業属性との関係をみると，業種別には，製造業で「嘱託社員戦力化型」，情報通信業で「契約＋嘱託社員戦力化型」，運輸業で「職域分離型」，金融・保険・不動産業と教育・学習支援業で「非正社員戦力化型」と「嘱託社員戦力化型」，サービス業で「非正社員戦力化型」の割合が高い。企業規模別には，従業員数が少ないほど「嘱託社員戦力化型」が多い。

さらに，企業タイプごとに非正社員の職種の特徴をみると，「非正社員戦力化型」は契約社員，パートタイマー，嘱託社員ともに専門職・技術職が多く，「職域分離型」は運輸・通信職が多い。「契約＋嘱託社員戦力化型」は契約社員で事務職や営業・販売職が多く，パートタイマーで生産工程・労務作業者，嘱託社員で営業・販売職，生産工程・労務作業者が多い。「嘱託社員戦力化型」は職種による特徴はみられない。

6.5　全非正社員グループを対象とした分析

以下では，契約社員とパートタイマーと嘱託社員の３つの非正社員グループからなる人材ポートフォリオが非正社員の人事管理に与える影響を検討するために，人事管理制度の整備度を従属変数，人材ポートフォリオ（量的ポートフォリオ，質的ポートフォリオ）を独立変数，企業属性と人事方針をコントロール変数とする重回帰分析を行った。

6.5.1　変数の説明

（１）従属変数

正社員と非正社員の均衡処遇に関する実証研究は，数多く存在するが，その際に用いられる均衡処遇の尺度は，多様である。均衡処遇の尺度は，「処遇の水準」と「決め方」に大別されるが，西本・今野（2003）が指摘するように，本来「処遇の水準」とは「処遇の決め方」によってもたらされる最終的な結果であり，「処遇の決め方」を検討しない限り，「処遇の水準」の均衡の問題も解決されない。そこで，本章では，人事管理の結果としての水準ではなく，それを決定する人事管理制度の整備状況に着目する[7]。具体的には，８つの人事管理制度・施策の整備度（３つの非正社員グループすべてに実施している=３，２つのグループに実施している=２，１つのグループに実施している=１，すべてに実施していない=０）について，探索的因子分析（主因子法，バリマックス回転）を行った。その結果，２つの因子が抽出された（表6-1参照）。第１因子は，「目標管理制度」「人事評価制度」「自己申告制度」「社員格付け制度」「昇給制度」といった評価や処遇にかかわる項目であるため，この因子を「評価・処遇」とし，５項目の総和の平均を算出した（信頼性係数 α =0.721）。第２因子は，「仕事に直接関連する研修」「採用時の導入研修」「自己啓発の援助」といった項目で負荷量が大きいため，「教育訓練」とし，３項目の総和の平均を算出した（信頼性係数 α =0.596）。

なお，これらの人事管理制度は，正社員を対象に大多数の企業で導入してい

表６-１　因子分析結果：人事管理制度の整備度

	因子１ 評価・処遇	因子２ 教育訓練
目標管理制度	0.679	0.218
人事評価制度	0.607	0.181
自己申告制度	0.596	0.142
社員格付け制度	0.474	0.010
昇給制度	0.456	0.064
仕事に直接関連する研修	0.062	0.934
採用時の導入研修	0.197	0.502
自己啓発の援助	0.173	0.355
固有値	2.785	1.307
クロンバックのα	0.721	0.596

注：主因子法，バリマックス回転

ることが想定されることから，それぞれの変数の値が大きいほど，より多くの非正社員グループに対して，正社員に近い人事管理制度が整備されていると考えられる。本書では，上記の変数をそれぞれ「評価・処遇制度の整備度」「教育訓練制度の整備度」とする。評価・処遇制度の整備度は平均1.08点（標準偏差0.73），教育訓練制度の整備度は平均1.51点（標準偏差0.86）であり，教育訓練制度のほうが評価・処遇制度に比べて，より多くの非正社員グループに等しく導入されている。

（２）独立変数

前述のクラスター分析の結果をもとに，人材ポートフォリオに関するダミー変数を作成した。具体的には，量的ポートフォリオは「非正社員消極活用型」をレファレンスとし，「契約社員活用型」「嘱託社員活用型」「パートタイマー活用型」の３つのダミー変数を，質的ポートフォリオは「非正社員戦力化型」をレファレンスとし，「嘱託社員戦力化型」「契約＋嘱託社員戦力化型」「職域分離型」の３つのダミー変数を作成した[8]。

（3）コントロール変数

コントロール変数は，企業属性と人事方針の変数を設定した。まず企業属性として，正社員数（対数），業種ダミー（運輸業，情報通信業，卸・小売業，金融・保険・不動産業，医療・福祉業，教育・学習支援業，その他サービス業：レファレンス=製造業），非正社員比率（従業員に占める非正社員の割合（%））[9]，正社員数および非正社員数の増減（20%以上増加=5，10〜19%増加=4，±10%程度=3，10〜19%減少=2，20%以上減少=1）を設定した。ついで，人事方針として「仕事と生活の調和（WLB）の推進」と「中途採用」の変数を設定した。「仕事と生活の調和（WLB）の推進」は，正社員の働き方の多様化・柔軟化を促進し，従来の雇用区分の設定に変化をもたらす。また，「中途採用」に積極的な企業では，外部人材を即戦力として有効に活用するために，職務の明確化，仕事配分の再考が求められる。その結果，いずれも同一企業内で働く非正社員の活用のあり方に大きな影響を及ぼすことが考えられる。そこで，具体的には，「仕事と生活の調和に配慮した働き方の推進」の質問項目について，4点尺度（重視している=1〜重視していない=4），「A：採用は新卒採用を中心に行う，B：採用は中途採用を中心に行う」の質問項目について，4点尺度（Aに近い=1，ややAに近い=2，ややBに近い=3，Bに近い=4）をコントロール変数として用いた。なお，全変数の平均と標準偏差および主な変数間の相関は，本章末の**付表4**に示したとおりである。

6.5.2　分析結果

分析結果は，**表6-2**のとおりである。第1に，量的ポートフォリオと評価・処遇制度の整備度との関係をみると，「契約社員活用型」「パートタイマー活用型」がいずれも評価・処遇制度の整備度に有意な正の影響を示した。これは他の非正社員グループに比べて契約社員，パートタイマーの雇用比率がそれぞれ高い企業では，非正社員の評価・処遇の面で人事管理制度の整備が進む傾向にあることを示している。

第2に，質的ポートフォリオと評価・処遇制度の整備度との関係をみると，

表6-2　人材ポートフォリオのタイプと人事管理の均衡度との関係：全非正社員グループ対象

	評価・処遇制度の整備度		教育訓練制度の整備度		評価・処遇制度の整備度		教育訓練制度の整備度	
	β	S.E.	β	S.E.	β	S.E.	β	S.E.
(定数)	.762***	.370	1.920***	.438	.666**	.393	1.746***	.463
正社員数（対数）	.119**	.047	−.056	.056	.134**	.049	−.044	.058
非正社員比率					.176	.002	.079	.002
正社員数の増減	−.021	.041	.061	.050	−.017	.041	.081	.049
非正社員数の増減	−.038	.034	−.056	.041	−.039	.034	−.061	.041
運輸業ダミー	−.009	.172	.046	.211	−.017	.172	.032	.210
情報通信業ダミー	.021	.219	−.074	.263	.025	.219	−.081	.262
卸・小売業ダミー	.176***	.107	−.012	.129	.170***	.106	−.006	.128
金融・保険・不動産業ダミー	.028	.218	.060	.253	.031	.218	.062	.250
医療・福祉業ダミー	.110**	.121	.065	.143	.103*	.122	.052	.144
教育・学習支援業ダミー	−.109**	.141	−.174***	.169	−.126**	.141	−.170***	.167
その他サービス業ダミー	−.028	.123	.067	.146	−.047	.123	.067	.146
人事方針：中途採用重視	.015	.044	.078	.051	.027	.044	.087	.051
人事方針：WLBの推進	−.162***	.051	−.130**	.062	−.169***	.052	−.143***	.062
＜量的ポートフォリオ＞								
契約社員活用型	.118**	.096	.045	.115				
嘱託社員活用型	.072	.163	.027	.196				
パートタイマー活用型	.114**	.117	.067	.139				
＜質的ポートフォリオ＞								
嘱託社員戦力化型					−.119**	.088	−.036	.105
契約+嘱託社員戦力化型					−.002	.120	.095*	.144
職域分離型					−.042	.107	.053	.127
調整済みR^2	.074***		.062***		.091***		.079***	
F値	2.973		2.627		3.284		2.974	
N	368		372		282		289	

注1：業種ダミー（ref.=製造業）
注2：***p<0.01，**0.01<p<0.05，*0.05<p<0.1

「嘱託社員戦力化型」が評価・処遇制度の整備度に有意な負の影響を示した。この結果は，契約社員やパートタイマーに比べて嘱託社員の担当する仕事レベルが非常に高い企業では，他の企業タイプに比べて非正社員の評価・処遇制度の整備が進んでいない，もしくは非正社員グループ間で制度の整備状況が異なることを示唆している。

第３に，人材ポートフォリオと教育訓練制度の整備度との関係をみると，量的ポートフォリオとの間に有意な関係はみられず，また質的ポートフォリオとの間でも「契約＋嘱託社員戦力化型」で10%水準の有意な正の影響しか確認できなかった。評価・処遇とは異なり，非正社員の教育訓練制度の整備度は，非正社員の人材ポートフォリオの影響をあまり受けていない。

以上の分析結果を踏まえると，契約社員あるいはパートタイマーに特化して，多くの非正社員を雇用する量的ポートフォリオをとる場合には，非正社員の評価・処遇制度の整備が進むが，嘱託社員についてはその傾向がみられない。しかも質的ポートフォリオとの関係をみると，嘱託社員に高度な仕事をまかせる企業ほど評価・処遇制度が整備されなくなる可能性が示唆された。この企業タイプは，同じ非正社員であっても，嘱託社員の活用には積極的であるが，パートタイマー，契約社員の活用には消極的であり，人事管理上の扱いも契約社員，パートタイマーと嘱託社員では異なり，嘱託社員の評価・処遇制度の整備度は他の企業タイプと同程度であるが，パートタイマー，契約社員の評価・処遇制度の整備が非常に遅れている[10]。その結果，嘱託社員を戦力化している企業では，非正社員全体で見た場合に評価・処遇制度の整備度が低くなっている可能性がうかがえる。

このように，回帰分析結果より，嘱託社員と契約社員，パートタイマーとの人事管理上の扱いの違いが明らかにされた。それをふまえると，次に問題になるのは，人事管理上，正社員との均衡処遇を意識する必要性が高い契約社員，パートタイマーの２つの非正社員グループの人材ポートフォリオのあり方が，非正社員の人事管理制度の整備にどのような影響を及ぼしているのかである。そこで，以下では契約社員とパートタイマーに焦点を絞り，質的，量的ポート

図6-5　量的ポートフォリオ（雇用比率）：契約社員・パートタイマー対象

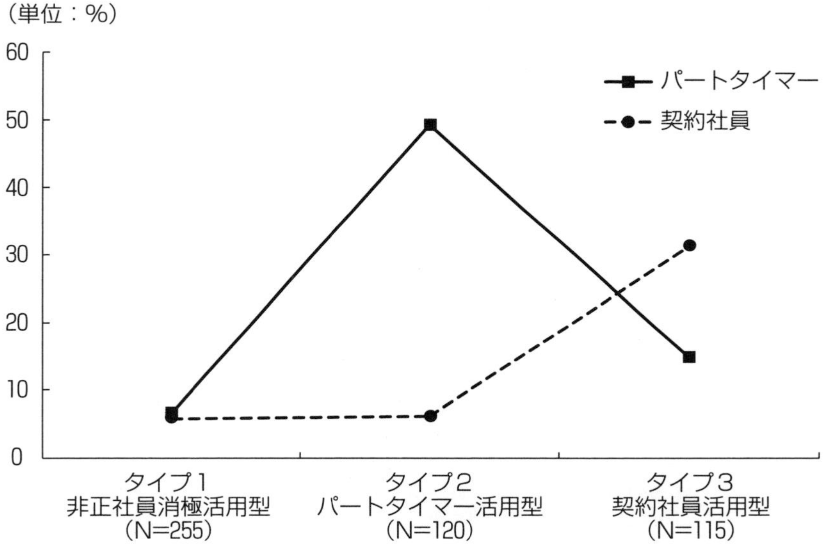

フォリオと非正社員の人事管理制度の整備状況との関係について，追加検討を行う。

6.6　パートタイマー，契約社員を対象とした追加分析

ここでの分析は，３つの非正社員グループを雇用する企業を対象とした，これまでの分析と同様の手順で行った。まず，契約社員とパートタイマーの２つの非正社員グループを雇用している企業（513社）[11]の契約社員，パートタイマーの雇用比率および仕事レベルを用いてクラスター分析を行い，その結果をもとに量的・質的ポートフォリオのダミー変数を作成し，重回帰分析を実施した。

図6-5は，量的ポートフォリオ（雇用比率）のクラスター分析結果を示したものであり，契約社員，パートタイマーともに雇用比率が低い「非正社員消

図6-6 質的ポートフォリオ（仕事レベル）：契約社員・パートタイマー対象

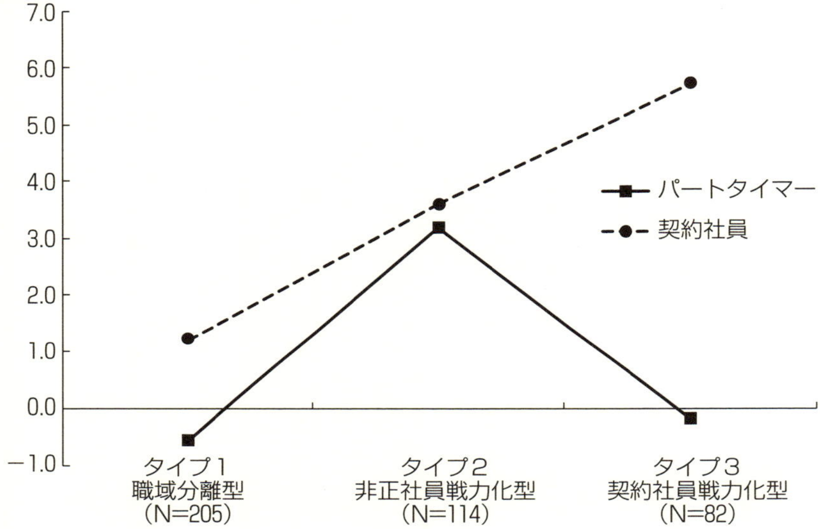

極活用型」，パートタイマーの雇用比率が平均49.4％と高い「パートタイマー活用型」，契約社員の雇用比率が平均31.4％と高い「契約社員活用型」の３つの企業群が抽出された。

図6-6は，質的ポートフォリオ（仕事レベル）のクラスター分析結果を示したものであり，契約社員とパートタイマーが担当する仕事レベルは低く，正社員と職域が分離されている「職域分離型」，契約社員とパートタイマーが担当する仕事レベルは大卒初任格付けレベルである「非正社員戦力化型」，契約社員の担当する仕事レベルが非常に高い「契約社員戦力化型」の３つの企業群が抽出された。これらの企業タイプを用いて，量的ポートフォリオでは「非正社員消極活用型」を，質的ポートフォリオでは「職域分離型」をレファレンスとするダミー変数を作成した。従属変数[12]を契約社員，パートタイマーと正社員との「評価・処遇制度の整備度」「教育訓練制度の整備度」，独立変数を量的，質的ポートフォリオとする重回帰分析を行った。

表6-3　人材ポートフォリオのタイプと人事管理の均衡度との関係：契約社員・パートタイマー対象

	評価・処遇制度の整備度		教育訓練制度の整備度		評価・処遇制度の整備度		教育訓練制度の整備度	
	β	S.E.	β	S.E.	β	S.E.	β	S.E.
(定数)	.726***	.239	1.326***	.286	.451	.286	.889**	.346
正社員数（対数）	.032	.030	−.056	.036	.099*	.038	.023	.046
非正社員比率					.246***	.001	.128**	.002
正社員数の増減	.013	.026	.086*	.031	.015	.028	.084	.034
非正社員数の増減	−.006	.022	−.014	.027	−.021	.024	.016	.030
運輸業ダミー	−.001	.110	.026	.135	−.014	.120	.008	.148
情報通信業ダミー	−.017	.134	−.082*	.162	−.030	.144	−.082	.174
卸・小売業ダミー	.151***	.071	−.004	.087	.128**	.075	−.044	.091
金融・保険・不動産業ダミー	.029	.143	.024	.168	.025	.148	.017	.174
医療・福祉業ダミー	.069	.078	.034	.093	.055	.086	.025	.104
教育・学習支援業ダミー	−.135***	.087	−.224***	.105	−.088	.109	−.195***	.133
その他サービス業ダミー	.009	.076	.025	.091	−.031	.088	.014	.106
人事方針：中途採用重視	−.060	.027	.023	.032	−.080	.030	−.004	.036
人事方針：WLBの推進	−.113**	.033	−.089*	.040	−.147***	.037	−.082	.045
＜量的ポートフォリオ＞								
パートタイマー活用型	.178***	.062	.085	.075				
契約社員活用型	.138***	.060	.020	.073				
＜質的ポートフォリオ＞								
非正社員戦力化型					.119**	.061	.041	.074
契約社員戦力化型					.025	.068	−.026	.082
調整済み R^2	.075***		.062***		.086***		.041**	
F値	3.528		2.627		3.244		2.019	
N	447		372		359		360	

注1：業種ダミー（ref.=製造業）
注2：***p<0.01，**0.01<p<0.05，*0.05<p<0.1

重回帰分析の結果は，**表6-3**のとおりである。まず，量的ポートフォリオとの関係をみると，**表6-2**の分析結果と同様に，「パートタイマー活用型」「契約社員活用型」が評価・処遇制度の整備度に有意な正の影響を示した。

ついで，質的ポートフォリオとの関係をみると，「非正社員戦力化型」が評価・処遇制度の整備度に有意な正の影響を示したのに対して，「契約社員戦力化型」の影響は確認できなかった。契約社員とパートタイマーの両グループが正社員と同等の高いレベルの仕事を担当している企業では，非正社員の評価・処遇制度の整備は進む。一方，契約社員の担当する仕事レベルが高くても，パートタイマーの担当する仕事レベルが高くない場合には，企業は，契約社員の評価・処遇制度は整備するものの，パートタイマーの評価・処遇制度の整備は進めず，契約社員への制度導入に伴ってパートタイマーへの導入が進むわけではないことが示唆された[13]。

なお，量的，質的ポートフォリオともに，教育訓練制度の整備度との間には有意な関係はみられなかった。

6.7　小括

本章では，多様な非正社員の人材ポートフォリオの実態を明らかにするとともに，非正社員の人材ポートフォリオが，複数の非正社員グループの人事管理制度の整備状況に及ぼす影響を検証した。

前者については，量的ポートフォリオ，質的ポートフォリオの観点から実態把握を試みた。その結果，第１に，「すべて雇用」企業における量的ポートフォリオをみると，「非正社員消極活用型」「契約社員活用型」「パートタイマー活用型」「嘱託社員活用型」の４タイプが抽出されたが，このうち約６割は，契約社員，パートタイマー，嘱託社員のすべての雇用比率が10%以下の「非正社員消極活用型」である。第２に，「すべて雇用」の企業では，非正社員の担当する仕事レベルは，非正社員グループによってかなりばらつきがみられ，非正社員の質的ポートフォリオとしては，「嘱託社員戦力化型」「非正社員戦力化型」「職域分離型」「契約＋嘱託社員戦力化型」の4タイプが確認され，このうち最も多いのは，パートタイマーと契約社員に比べて嘱託社員の仕事レベルが非常に高い「嘱託社員戦力化型」である。

ついで，非正社員の人材ポートフォリオと人事管理制度の整備状況に関する分析結果から，以下の含意が得られた。第1に，他の非正社員グループに比べて，契約社員の雇用比率が高い「契約社員活用型」と，パートタイマーの雇用比率が高い「パートタイマー活用型」では，非正社員全体の評価・処遇制度が整備される傾向にある。つまり，いずれかの非正社員グループの雇用比率がある一定水準を超えた場合に，評価・処遇面で非正社員の人事管理制度が整備される傾向が示唆された。企業内で特定の非社員グループの雇用比率がある一定水準を超えると，当該非正社員グループを対象に，非正社員の人事管理制度の整備が議論され，その結果，実現された当該グループの人事管理制度の整備は，非正社員グループ間の公正性を確保するために，他の非正社員に波及し，非正社員全体として人事管理制度の整備が進むと予想される[14]。

第2に，質的ポートフォリオの観点から，人事管理制度の整備状況をみると，契約社員とパートタイマーが担当する仕事のレベルはそれほど高くないのに対して，嘱託社員が係長・主任相当の高度な仕事を担当している「嘱託社員戦力化型」では，評価・処遇の面で非正社員全体に対して，制度の整備が進まないことが明らかになった。この背景には，企業は同じ非正社員でも，定年後の社員が対象となる嘱託社員と契約社員，パートタイマーを別枠で捉えており，評価・処遇上の扱いが嘱託社員と契約社員・パートタイマーで異なることが考えられる。その結果，嘱託社員を積極的に戦力化している企業では，非正社員全体でみた場合に評価・処遇制度の整備度が低くなってしまう。したがって，第1で述べた制度整備の波及効果は，嘱託社員では起こらない。

第3に，評価・処遇制度の整備度と異なり，教育訓練制度の整備度は，非正社員の人材ポートフォリオの影響を受けない。当然のことながら，社員を活用し，戦力化していくために，教育訓練は必要不可欠であり，本分析データをみても，教育訓練制度の整備度は，評価・処遇制度の整備度に比べて高い。そのため，内容は正社員と異なるとしても，非正社員にも何らかの教育訓練を実施している可能性が高く，どのタイプの非正社員グループをどの程度雇用するか，どのタイプの非正社員グループにどのレベルの仕事を担当させるかによる教育訓練の差はみられない。

第４に，非正社員グループ間の職域分離と人事管理制度の整備状況との関係についてである。追加分析によると，契約社員とパートタイマーの両グループがともに高いレベルの仕事を担当している「非正社員戦力化型」，つまり契約社員とパートタイマーの職域区分が曖昧な企業では，評価・処遇制度を整備する傾向にある。それに対して，パートタイマーに比べ契約社員が担当する仕事レベルが高い「契約社員戦力化型」，つまり，契約社員とパートタイマーの職域分離が明確な企業では，評価・処遇制度への影響は確認できない。さらに「非正社員戦力化型」に比べて，「契約社員戦力化型」のほうが整備度の平均値が低いことをふまえると[15]，「契約社員戦力化型」は，評価・処遇制度の整備に消極的であることがわかる。西岡（2015b）の分析結果より，契約社員の質的基幹化と量的基幹化がともに進むと，正社員と契約社員間で，管理・監督業務は正社員，専門業務は契約社員という分業化が進み，その結果，企業は，正社員と契約社員の賃金決定を別枠で管理することになり，正社員と契約社員の賃金制度の均衡が低下する可能性が示唆された。これをふまえると，契約社員とパートタイマー間でも同様のことが生じており，契約社員の仕事が高度に専門化し，契約社員とパートタイマー間の職域分離が進むと，非正社員グループ間で異なる人事管理が行われ，契約社員をパートタイマーと別枠で管理することになるので，全体として評価・処遇制度の整備が進まないと考えられる。

これらの点をふまえると，本章で明らかにされた重要な点は，以下の３つである。第１には，日本企業では非正社員の多様化が着実に進んでおり，それに伴い量の面，質の面ともに非正社員の人材ポートフォリオは複雑化している。第２には，企業は，非正社員の多様化が進んだとしても，正社員と非正社員間および非正社員グループ間の職域分離が明確な場合には，評価・処遇制度の整備にとくに注意を払わない。しかしながら，たとえ一部の非正社員グループであっても正社員との職域分離が曖昧になる，もしくは非正社員グループ間の職域分離が曖昧になると，多様な非正社員グループ間の公正性，納得性の確保の観点から，当該グループの非正社員にとどまらず，非正社員全体に対して評価・処遇制度を整備するようになる。第3には，以上の非正社員に対する人事管理制度の整備の背景にあるメカニズムは，嘱託社員については機能しない。定年後の高齢社員が増えるに伴い変化する可能性はあるものの，現状では，嘱託社員の人事管理は，正社員とともに他の非正社員グループとも分離した形で作られている。これまでの研究では，非正社員の基幹化に伴い人事管理制度の整備の必要性は高まることが明らかにされているが，本章の分析結果より，企業がどのような非正社員の量的，質的ポートフォリオを選択するかにより，非正社員の人事管理制度の整備をどのような形で進めるべきかが異なる可能性が示唆された。

最後に，本章の限界と今後の検討課題を述べる。第1に，データの制約から，量的ポートフォリオと質的ポートフォリオの相互作用を検討できなかった点である。中村（2015）が指摘するように，企業は，労働需要の質と量を同時に決定することなしに労働者を雇用するのは困難であり，それをふまえると，企業が人材ポートフォリオを選択する場合には，質的ポートフォリオと量的ポートフォリオの互いの関係性にも目を向ける必要がある。さらに，本章の回帰分析で用いた量的ポートフォリオと質的ポートフォリオの変数間の相関をみると，ダミー変数であるためその係数は小さいものの，一部の企業タイプにおいて，両者間に統計的に有意な相関関係がうかがえることから（付表4を参照），質的，量的ポートフォリオの相互作用が非正社員の人事管理に及ぼす影響についても検討が必要であろう。

第2に，冒頭で述べたとおり，本章は非正社員グループ間の均衡（within）ではなく，正社員と非正社員との均衡（between）に着目したものであるが，調査データ上の制約から，人事管理制度の導入状況といった限られた面でしか均衡を検討できていない。正社員と非正社員の人事管理制度がどの程度一元的に管理されているか，また人事管理制度は，非正社員グループ間で一元的に管理されているのか，こういった制度の適用が最終的に処遇水準の均衡につながっているかなどが検討課題として残る。

第３に，非正社員グループ間の分業構造が人事管理に及ぼす因果関係について，厳密な分析が行われていない点である。因果推定のためには，時間横断的なデータを入手し，本結果を再検討する作業が必要である。

第４に，量的な観点として雇用比率，質的な観点として仕事レベルを用いて，非正社員の人材ポートフォリオのタイプ分けをしたが，人材ポートフォリオの捉え方はさまざまであり，仕事内容，就業条件の観点からの検討も残る課題である。

付表4　主な変数の記述統計と相関係数：全非正社員グループ対象

	平均値	標準偏差	1	2	3	4	5	6	7	8
1 評価・処遇の整備度	1.083	0.727	1.00							
2 教育訓練の整備度	1.506	0.858	0.34***	1.00						
3 ＜量的＞契約社員活用型	0.191	0.394	0.04	0.03	1.00					
4 嘱託社員活用型	0.050	0.218	0.02	0.02	−0.11**	1.00				
5 パートタイマー活用型	0.150	0.358	0.06	0.04	−0.20***	−0.10**	1.00			
6 ＜質的＞嘱託社員戦力化型	0.291	0.455	−0.09	−0.05	0.12**	−0.10**	−0.03	1.00		
7 契約＋嘱託社員戦力化型	0.119	0.325	0.00	0.06	−0.14***	−0.05	0.05	−0.24***	1.00	
8 職域分離型	0.160	0.367	0.01	0.07	0.00	0.08	−0.06	−0.28***	−0.16***	1.00
正社員数（対数）	5.973	0.854	.108**	−.068	−.163***	−.054	−.089	−.057	.014	−.057
非正社員比率	33.310	22.726	.110**	.104**	.368***	.064	.582***	.033	.012	.035
正社員数の増減	3.144	0.967	−.006	.088	.031	−.093	.055	.086	−.054	−.011
非正社員数の増減	3.394	1.120	.002	−.008	−.027	.027	.117**	.046	.006	−.000
運輸業ダミー	0.060	0.237	−.032	.063	−.045	.127***	−.106**	−.095	.001	.138***
情報通信業ダミー	0.026	0.160	−.002	−.093	−.080	−.038	−.069	−.007	.078	.010
卸・小売業ダミー	0.179	0.384	.154***	−.044	−.116**	−.050	.135***	.016	.078	.000
金融・保険・不動産業ダミー	0.033	0.180	−.004	.040	−.057	.018	−.004	.027	.013	−.045
医療・福祉業ダミー	0.155	0.362	.066	.136***	.094	−.098**	−.033	.030***	−.097**	.029
教育・学習支援業ダミー	0.084	0.277	−.121**	−.175***	.073	−.030	.235***	−.042	−.005	−.108**
その他サービス業ダミー	0.119	0.325	−.011	.073	−.010	.050	.092	.007	−.045	−.020
中途採用重視	1.360	0.480	−.028	.126**	.119**	.075	.039	.078	−.077	.053
WLBの推進	2.133	0.728	−.177***	−.114**	−.022	.018	−.086	.022	.044	−.034

注：***p<0.01，**0.01<p<0.05

注

1　本章は，西岡由美（2016）「多様な非正社員の人事管理―人材ポートフォリオの視点から―」『日本労務学会誌』第17巻２号に掲載されたものを，第２章「2.4.2 多様な非正社員の雇用実態」と分割し，それに伴い内容を一部変更したものである。

2　「労働力調査（詳細集計）」（年平均）によると，非正規雇用者が正規・非正規雇用者の合計に占める割合は，1990年の20.2％から2016年には37.5％へ増加している。

3　第２章で示したとおり，３つの非正社員グループをすべて雇用している企業「すべて雇用」は46.4%，２つの非正社員グループを組み合わせて雇用している企業は37.8%，特定の非正社員グループのみ雇用している企業は13.3%である。

4　第２章「2.4.2　多様な非正社員の雇用実態」では対非正社員総数を用いたが，本章では対従業員数を用いる。なぜなら，本章では量的ポートフォリオが正社員と非正社員との人事管理の均衡に及ぼす影響を検討することから，非正社員内部の雇用構成より，正社員を含む全社員の雇用構成に着目すべきと考えたからである。また，算出に用いた各非正社員の雇用比率は，労働時間換算の人数ではなく実人数を採用している。

5　第２章で用いた「働き方に関する管理職調査」と同様に，「多様な働き方に関する調査」の等級レベルは，公益財団法人日本生産性本部が2004年度から2012年度まで毎年実施していた「活用職種別賃金統計」2012年度版に基づき設定した。しかしながら，「働き方に関する管理職調査」では，一般職Ⅴ（高卒初任）に４等級を付与しているのに対して，「多様な働き方に関する調査」では１等級が付与されており，対応する等級レベルの数値が異なることに注意が必要である。

6　「多様な働き方に関する調査」では，正社員と同等の仕事をしている人がいる企業といない企業で異なる質問を設定していることから，そのままでは両者の仕事レベルを総体的に把握できない。しかしながら，非正社員の仕事レベルを把握するためには，正社員に対応しない仕事レベルまで何らかの形で把握することが重要であるため，本章では高卒初任格付けを両者の接合点とし，同初任格付けと比較した仕事レベルのデータと等級レベルのスコアを連続変数とした。したがって，尺度は－２から10の13点尺度である。

7　ただし，本章で用いた「多様な働き方に関する調査」では，正社員と３つの非正社員グループの人事管理制度の一元的な管理は把握できず，大多数の企業で正社員を対象に導入していることが想定される，人事管理制度の非正社員グループへの整備状況を把握するにとどまることから，これら制度の導入をもって非正社員と正社員との均衡処遇を捉えることには，一定の限界があることに留意する必要がある。

8　本来であれば，最も件数の多い「嘱託社員戦力化型」をレファレンスとすべきだが，本章では，多様な非正社員の職場での分業構造の特徴がより鮮明に表れている企業群の人事管理を検討する観点から，「嘱託社員戦力化型」についで企業件数の多い「非正社員戦力化型」をレファレンスとした。

9　ただし，量的ポートフォリオに関する重回帰分析では，独立変数との多重共線性の可能性を排除するために，コントロール変数から非正社員比率を除外している。

10　「嘱託社員戦力化型」の非正社員グループ別の処遇・評価制度の整備度（５つの制度の平均）をみると，嘱託社員については，調査対象企業全体とほぼ同程度（全体との差0.6）であるのに対して，契約社員（同－4.0）とパートタイマー（同－5.6）に対する整備度は低くなっている。

11　追加分析の対象企業は，表２-９の「すべて雇用」（419社）と「契約＋パート」（94社）である。

12　本分析と同様に８つの人事管理制度・施策の導入状況に着目し，契約社員とパートタイマーの両方に実施している＝２，いずれかに実施している＝１，どちらにも実施していない＝０とし，「評価・処遇の整備度」は５つの制度・施策の総和の平均（信頼性係数 α =0.689），「教育訓練の整備度」は３つの制度・施策の総和の平均（信頼性係数 α =0.579）を算出した。

13　処遇・評価制度の整備度を調査対象企業全体と比較すると，「非正社員戦力化型」はパートタイマー（全体との差3.4），契約社員（同5.3）ともに整備度が高いのに対して，「契約社員戦力化型」では契約社員（同1.8）は全体より高いが，パートタイマー（同－2.2）は低くなっている。

14　企業タイプごとの非正社員への評価・処遇制度の導入状況をみると，同傾向は，とくにパートタイマーと契約社員の間で顕著であり，「契約社員活用型」「パート活用型」ではパートタイマーと契約社員の両者に対して，評価・処遇制度の整備度が高い。一方，嘱託社員は同じ非正社員であっても「契約社員活用型」「パート活用型」ともに評価・処遇制度の整備度が低い。

15　「非正社員戦力化型」の評価・処遇制度の整備度の平均は0.823であるのに対して，「契約社員戦力化型」は0.733である。

参考文献

有賀健・神林龍・佐野嘉秀（2008）「非正社員の活用方針と雇用管理施策の効果」『日本労働研究雑誌』第577号，pp.78-97.

今野浩一郎（2010）「雇用区分の多様化」『日本労働研究雑誌』第597号，pp.48-51.

今野浩一郎（2014）『高齢社員の人事管理―戦力化のための仕事・評価・賃金―』中央経済社.
今野浩一郎・佐藤博樹（2009）『マネジメント・テキスト　人事管理入門（第２版）』日本経済新聞出版社.
大橋勇雄（2015）「人材ポートフォリオと派遣労働」『日本労働研究雑誌』第664号, pp.87-91.
奥西好夫（2008）「正社員および非正社員の賃金と仕事に関する意識」『日本労働研究雑誌』第576号, pp.54-69.
小倉一哉（2007）「非正社員の基幹労働力化と満足度」『日本労務学会誌』第９巻２号, pp.36-51.
佐藤博樹・佐野嘉秀・原ひろみ（2003）「雇用区分の多元化と人事管理の課題―雇用区分間の均衡処遇―」『日本労働研究雑誌』第518号, pp.31-46.
島貫智行（2007）「パートタイマーの基幹労働力化が賃金満足度に与える影響―組織内公正性の考え方をてがかりに―」『日本労働研究雑誌』第568号, pp.63-76.
――――（2011）「非正社員活用の多様化と均衡処遇―パートと契約社員の活用を中心に―」『日本労働研究雑誌』第607号, pp.21-32.
――――（2012）「日本企業における正規社員の人事管理と職場モラール―正規・非正規の境界設計のモデレート効果―」『日本経営学会誌』第30号, pp.51-63.
武石恵美子（2003）「非正規労働者の基幹労働力化と雇用管理」『日本労務学会誌』第５巻１号, pp.2-11.
蔡芢錫（2007）「非正規従業員に関する研究の現状と課題」『日本労務学会第37回全国大会研究報告論集』pp.105-112.
中村圭介（2015）「人材ポートフォリオの編成―スーパーと百貨店の事例研究から―」『日本労務学会誌』第16巻１号, pp.4-20.
西岡由美（2015a）「多様な非正社員の人事管理スタイル―職場の分業構造に注目して―」『日本労務学会第45回全国大会研究報告論集』pp.41-49.
――――（2015b）「契約社員の人事管理と基幹労働力化―基盤システムと賃金管理の二つの側面から―」『日本経営学会誌』第36号, pp.86-98.
――――（2016）「多様な非正社員の人事管理―人材ポートフォリオの視点から―」『日本労務学会誌』第17巻２号, pp.19-36.
西村孝史・守島基博（2009）「企業内労働市場の分化とその規定要因」『日本労働研究雑誌』第586号, pp.20-33.
西本万映子・今野浩一郎（2003）「パートを中心にした非正社員の均衡処遇と経営パフォーマンス」『日本労働研究雑誌』第518号, pp.47-55.
仁田道夫（2011）「非正規雇用の二層構造」『社會科學研究』第62巻３・４合併号, pp.3-23.
日本生産性本部雇用システム研究センター編（2012）『活用職種別賃金統計―能

力・仕事別賃金の実態―〈2012年度版〉』日本生産性本部生産性労働情報センター.
朴弘文・平野光俊（2008）「非正規労働者の質的基幹化と組織の境界」『日本労務学会誌』第10巻１号, pp.17-30.
平野光俊（2009）「内部労働市場における雇用区分の多様化と転換の合理性―人材ポートフォリオ・システムからの考察」『日本労働研究雑誌』第586号, pp. 5 -19.
―――（2013）「多様な正社員と組織内公正性」『国民経済雑誌』第208巻１号, pp.21-36.
本田一成（2001）「パートタイマーの量的な基幹労働力化」『日本労働研究雑誌』第494号，pp.31-42.
―――（2004）『職場のパートタイマー―基幹化モデルを手がかりにした文献サーベイ―』JILPT労働政策レポートNo.1，労働政策研究・研修機構.
―――（2007）『チェーンストアのパートタイマー―基幹化と新しい労使関係―』白桃書房.
労働政策研究・研修機構（2014）『雇用ポートフォリオ編成のメカニズム―定性的分析による実証研究―』労働政策研究報告書No.166.
Atkinson, J.A.（1985）“Flexibility, Uncertainty and Manpower Management”, *IMS Report*, 89, Brighton：Institute of Manpower Studies.
Baron, J. and Kreps, D.（1999）*Strategic Human Resources*：*Frameworks for General Managers*, New York：Wiley.
Boxall, P. and Purcell, J.（2015）*Strategy and Human Resource Management*：*Management, Work and Organisations*, 4th edition, New York：Palgrave MacMillan.
Lepak, D. P. and Snell, S. A.（1999）“The Human Resource Architecture：Toward a Theory of Human Capital Allocation and Development”, *Academy of Management Review*, 24（1），pp.31-48.
―――（2002）“Examining the Human Resource Architecture：The Relationship among Human Capital, Employment, and Human Resource Configurations”，*Journal of Management*, 28, pp.517-543.

第7章　非正社員の人事管理と基幹労働力化
—契約社員に着目して—[1]

7.1　存在感が高まる契約社員

第６章では，同一企業内の多様な非正社員の組み合わせと人事管理との関係を検討した。本章では，多様な非正社員グループのうち，とくに契約社員に着目し，契約社員の人事管理の特徴を整理した上で，どのように契約社員を処遇すれば契約社員の基幹労働力化が進むのか，つまり人事管理が基幹労働力化に及ぼす影響について検討する。

1990年代以降，正社員数が減少する一方で，非正社員数が増加している。中でも近年，契約社員数の増加幅が大きく，2012年の総務省「就業構造基本調査」によると，前回調査の2007年と比べて非正社員全体の増加幅が1.08倍であるのに対して，契約社員は1.29倍である。

また，契約社員の定義は公的統計や企業によって異なるが，主として直接雇用のフルタイム勤務の有期契約社員を指すことから，契約社員は，非正社員の中でも最も正社員に近い働き方をする社員グループであると考えられる。そのため，2013年４月に改正労働契約法が施行され，有期労働契約に関する無期転換ルールが定められたことにより，無期転換後の人事管理を検討する上で，契約社員の人事管理のあり方が議論されるようになってきている。さらに2015年４月に施行された改正パートタイム労働法への対応から，企業内の人材活用の見直しが求められている。とくに企業の人事管理の視点からすると，同一企業内でパートタイムとフルタイムの有期労働契約社員を活用している場合には，改正パートタイム労働法への対応は短時間労働者だけでなく，法律上の義務はなくともフルタイム勤務の有期契約社員にも影響を及ぼすことから，企業は，より包括的な人材活用のあり方を再考する必要がある（佐藤，2015）。

このように，近年，その存在感が高まっている契約社員ではあるが，非正社員の人事管理に関する多くの実証研究は蓄積されているものの，その大部分が非正社員全体もしくは非正社員の中で多数を占めてきたパートタイマーを中心に行われ，契約社員に関する研究はほとんど行われていない。

そこで，本章では，契約社員の人事管理機能のうち，第１に人事管理の基盤システムである社員区分制度と社員格付け制度，第２に処遇の中核をなす賃金管理に注目し，契約社員の人事管理と基幹労働化との関係を明らかにする。この２つの人事管理機能に注目するのは，人事管理の骨格は，どのような人事管理を行うかという基本的な設計思想（アーキテクチャ）に規定され，当該企業の設計思想の人事管理への影響は，まず人事の基盤を形成する基盤システムに表れる（今野・佐藤，2009；今野，2012）からであり，さらに，その下で実際にどのように処遇されるかによって，契約社員の基幹労働力化の程度は，大きく異なるからである。

7.2 契約社員に関する先行研究

7.2.1 契約社員の多様化

非正社員の先行研究の多くは，正社員との比較に焦点を絞り，非正社員の多様化についてはあまり考慮してこなかった。しかしながら，非正社員の量的・質的拡大とともに，非正社員の多様性が進展し，従来のパートタイマーを中心とした研究では，非正社員の実態を正確に把握できなくなっている。その結果，佐藤・佐野・原（2003）が示唆するように，正社員と非正社員のそれぞれの内部で雇用区分の多元化が進行しており，従来の正社員と非正社員という枠組みだけでは，企業の人材活用の実態を把握することが難しい。さらに島貫（2011）は，正社員と非正社員という二分法ではなく，正社員との仕事の重なりに注目し，事業所におけるパートタイマーと契約社員の活用の組み合わせを類型化することにより，非正社員を周辺的な業務に従事させるといった伝統的なタイプから，いくつかのタイプに分化していることを示している。

本章で着目する契約社員においても多様化が進んでおり，同一企業の同じ契約社員という枠組みであっても，質的に異なる労働者が混在していることも少なくない（佐久間，2001）。そのため，契約社員の人事管理の特徴を明らかにするには，まず契約社員を何らかの基準で類型化した上で，その特徴を検討する必要がある。この点の代表的な研究である労働政策研究・研修機構（2011a）は，事業所の活用目的に基づいた４類型[2]と契約社員の就業実態（属性）に基づいた４類型[3]を用いて，それぞれの特徴と課題を整理し，それらの類型別に政策的含意を導出している。

また，全国労働基準関係団体連合会（2007）は，社員区分制度と従事する仕事レベルの観点から契約社員を３つのタイプ[4]に区分して，処遇の実態を整理している。その結果，契約社員により高度な仕事を任せるためには，仕事が高度化するに伴い契約社員が多様化することをふまえて，契約社員を複数のグループに区分し，それぞれのグループに対応した社員格付け制度を整備する必要があることを指摘している。

しかしながら，これらの研究は，いずれも契約社員の活用や処遇を概観するにとどまり，契約社員の処遇と活用との関係，つまりどのような処遇を行えば契約社員の活用が進むかについては，明らかにされていない。

7.2.2　均衡処遇と基幹労働力化

契約社員の人事管理に関連して重要な点は，正社員との均衡処遇である。この点に関する契約社員の実証研究は少ないが，藤波（2007）は，契約社員の中でもとくに専門的な能力を要する仕事に従事する「専門職型契約社員」に焦点をあて，処遇水準は上級レベルのパートタイマーに比べて高いが，人事管理制度の面では正社員との均衡度は低いことを明らかにしている。また労働政策研究・研修機構（2011a）によると，契約社員は，正社員と同じ仕事をする場合が多いにもかかわらず，処遇の面では他の非正社員と同列に置かれ，正社員との間には明らかな賃金格差が存在する。一方，パートタイマーを中心とする非正社員の多くの既存研究では，非正社員の基幹労働力化のためには，非正社員にも正社員に準じた人事管理制度を整備することの重要性が指摘されており（篠崎・石原・塩川・玄田，2003；西本・今野，2003；佐藤・佐野・原，2003；島貫，2007など），それらの研究成果をふまえると，パートタイマーに比べて正社員に近い社員グループである契約社員は，他の非正社員以上に均衡処遇の問題が重要な課題となる。

均衡処遇と基幹労働力化の関係は，非正社員の基幹労働力化が正社員との均衡処遇を促進させる（例えば，佐藤・佐野・原，2003），正社員との均衡処遇が基幹労働力化を進める（例えば，西本・今野，2003）という関係の２つが考えられる。これに関連して本田（2004）は，基幹労働力化を企業への波及プロセスと，その影響を受け取った波及先からの反応プロセスといった２つの段階で捉え，パートタイマーの処遇は基幹労働化から影響を受けるとともに，その後は基幹労働化に影響を与えると指摘している。つまり，基幹労働力化と均衡処遇の関係を検討する際には，非正社員の基幹労働力化の進展が均衡処遇を促すといった波及プロセスにとどまらず，企業の均衡処遇への取り組みが基幹労働力化を促すといった反応プロセスを検討する必要がある。また人事管理の視点から考えると，非正社員の処遇は，企業の人事戦略や総額人件費の観点から決定される。したがって，非正社員の処遇は，非正社員の基幹労働力化に伴って成行き的に決定されるのではなく，人事戦略に基づき非正社員の活用が実現できるように決定されるという点にも注意する必要がある。

以上の点をふまえ，まず本章では全国労働基準関係団体連合会（2007）で用いられた社員区分に社員格付け制度を加えることにより，企業内の契約社員の活用状況を類型化し，契約社員の賃金管理の特徴を明らかにする。なぜなら，第１に，人事管理を構成する配置，人事評価，賃金等の個別の管理分野は，その基盤を形成する社員区分制度と社員格付け制度によって規定されている（今野・佐藤，2009）からである。第２に，既存研究の多くは，人事管理の中でもとくに処遇の視点から基幹労働力化との関係をみてきたが，人事管理上，当該社員に対する企業の人事戦略を最も反映していると考えられるのは，社員区分制度と社員格付け制度である。そのため，人事戦略に基づき非正社員の活用が決定されるという視点に立つと，人事管理のあり方を社員区分制度と社員格付け制度を抜きに処遇のみで明らかにするには，限界があるからである。

7.3　分析枠組みとデータ

7.3.1　分析枠組み

本章では企業調査のデータを用いて，主に次の２点をみる。

第１に，人事管理の基盤システムである社員区分制度と社員格付け制度の導入状況を確認するとともに，契約社員には多様なタイプが混在しており，人事管理のあり方も多様であることから，基盤システムの導入状況によって契約社員を活用する企業を４類型に分類し，契約社員の賃金管理の特徴を明らかにする。人事管理は，多様な社員をいくつかのグループに分ける「社員区分制度」と，企業にとっての重要度に基づいて，社員の社内での序列を決める「社員格付け制度」からなる基盤システムを土台に形成されている（今野・佐藤，2009)。そのため，基盤システムは，企業が個々の契約社員に期待する役割と，それに対応した処遇設定に関する企業の指針であり，契約社員の賃金管理に影響を及ぼすものと考えられる。

第２に，契約社員の人事管理と基幹労働力化との関係を検討する。通常，企業は人材に対する活用方針を定め，その下で人事管理を構築し，人材を活用する。これは契約社員においても同様であり，契約社員をどのように活用するかの基本方針を定めた上で，それを実現するための処遇を構築し，その結果として，契約社員の基幹労働力化が進展すると考えられる。そこで，具体的には，非正社員の先行研究で明らかにされた内容をもとに，以下の仮説について，検証を試みる（図7-1参照)。

仮説１	契約社員に対して基盤システムを導入している企業ほど，基幹労働力化が進んでいる。
仮説２	正社員との賃金管理（賃金制度（２a），賃金水準（２b））の均衡が進んでいる企業ほど，基幹労働力化が進んでいる。
仮説３	正社員との賃金制度の均衡は，賃金水準の均衡と基幹労働力化との関係を強める。

正社員と非正社員の均衡処遇に関する先行研究の多くは，「処遇の水準」に焦点をあてているが，本来「処遇の水準」は「処遇の決め方」によってもたらされる結果であり，「処遇の決め方」を検討しない限り，「処遇の水準」の均衡の問題も解決されない（西本・今野，2003）。そこで賃金管理を，「賃金の決め方」（以下，賃金制度）と「賃金の水準」（以下，賃金水準）に分けて検討していく。さらに，「決め方」に基づいて「水準」が決まるという関係にあることから，正社員との賃金制度の均衡が賃金水準の均衡を強める可能性があるため，

図７-１　分析の枠組み

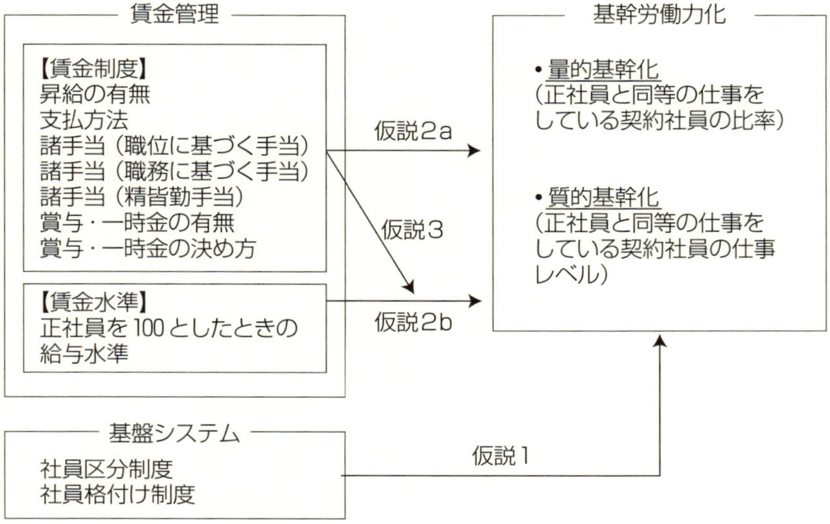

本章では，賃金制度の均衡と賃金水準の均衡の交互作用効果についても検討する。

7.3.2　分析データ

分析で用いるデータは，社団法人全国労働基準関係団体連合会（現．公益財団法人全国労働基準関係団体連合会）「均衡処遇からみた人事・賃金制度に関する調査研究会」が，2006年10月に実施した「契約社員・準社員の人事・賃金制度に関する調査（厚生労働省委託調査）」（以下，「契約社員調査」[5]）である。同調査では，帝国データバンクの企業データから抽出された全国の民営企業10,306社に調査票を発送し，契約社員・準社員[6]を雇用している企業のみを調査対象として回答を求めた。有効回答数は，1,072社（有効回答率10.4%）である[7]。

7.4　契約社員の人事管理の特徴

7.4.1　基盤システムの導入状況

まず「契約社員調査」の結果をまとめた全国労働基準関係団体連合会（2007）を参考に[8]，契約社員に対する基盤システムの導入状況を確認する。契約社員を対象に，社員区分を設けている「区分企業」は18.7%にとどまり，多くの企業は，契約社員を単一の社員グループと捉えている（以下，「非区分企業」）。さらに，企業特性との関係をみると，区分企業はサービス業（34.3%）で多く，運輸・通信業（12.0%），金融・保険・不動産業（12.1%）で少ないといった特徴が確認できる。また全従業員に占める契約社員の比率が５%を境に，区分企業比率が15%以下から20%以上に増えることから，同比率が社員区分の導入の目安になる可能性がうかがえる[9]。

つぎに，もう一方の基盤システムである社員格付け制度についてみると，正社員に対して，同制度を導入している企業は77.9%であるのに対して，区分企業の中で最も高度な仕事を担当している契約社員グループ（以下，「専門契約社員」）を対象に社員格付け制度を導入している企業が28.5%，同じく区分企業の中で最も軽易な仕事を担当している契約社員グループ（以下，「一般契約社員」）を対象に導入している企業が21.5%，さらに，非区分企業が10.2%と契約社員を対象に社員格付け制度を導入している企業は少ない。また非区分企業に比べて，区分企業で社員格付け制度を導入する傾向が強いことから，社員格付け制度は社員区分制度と組み合わせて導入される傾向が確認できる。

さらに，調査対象企業の労務構成をみると，非正社員比率が平均28.7%，その約半数が契約社員であることをふまえると，契約社員は，企業にとって重要な労働力であると想定されるが，前述したように契約社員に対して，人事管理の基盤となる両制度を整備している企業は少なく，また導入している企業では両制度を組み合わせて導入する傾向が強い。

7.4.2　基盤システムの導入状況からみた賃金管理

ついで「契約社員調査」の再分析により，契約社員に対する基盤システムの導入状況別に企業を４つに分類した上で，類型別に契約社員の賃金管理の特徴をみる。なお，区分企業については同一企業内に異なる契約社員のタイプが存在するが，本章では，より高度な仕事を担当している専門契約社員のほうが，企業内でより正社員との均衡に配慮した賃金管理がなされていることが想定されることから，専門契約社員についての回答を当該企業のデータとして用いる。

表7-1に示した結果より，以下の２点が注目される。第１に，基盤システムの導入状況に関係なく，契約社員の月例給の水準は，時間給換算で正社員の９割と正社員との均衡が進んでいるのに対して，月例給，賞与・一時金ともに制度面では，正社員との均衡がそれほど進んでいない。

第２に，４類型の中で正社員との処遇の均衡が進んでいるのは，区分・格付企業と非区分・格付企業であり，区分・非格付企業では進んでいない。とくに区分・格付企業では，給与の支払い方法，職務に基づく手当，賞与・一時金の決め方の面で，他のタイプに比べて，より正社員に近い制度設計が行われている。つまり，社員格付け制度を導入している企業では，正社員との均衡が進んでおり，正社員と契約社員との処遇の均衡を進める上で，基盤システム，とく

表7-1　基盤システムの導入状況と賃金管理

社員区分制度の導入			有		無	
社員格付け制度の導入			有	無	有	無
			区分・格付企業（N=57）	区分・非格付企業（N=142）	非区分・格付企業（N=89）	非区分・非格付企業（N=776）
月例給（所定内給与）	昇給の有無	「ある」企業の比率（%）	80.7	54.9	83.1	64.3
	支払方法	「月給制」あるいは「年俸制」企業の比率（%）	61.4	56.3	47.2	43.2
	諸手当（職位に基づく手当）※	「ある」企業の比率（%）	36.8	12.0	36.0	16.2
	諸手当（職務に基づく手当）※	「ある」企業の比率（%）	33.3	19.7	19.1	19.7
	諸手当（精皆勤手当）※	「ある」企業の比率（%）	8.8	4.9	10.1	12.5
	賃金水準	時間当給与の対正社員比率（%）	90.4	88.0	88.3	87.3
賞与	賞与・一時金の有無	「全員に支給する」企業の比率（%）	63.2	41.5	61.8	49.2
	賞与・一時金の決め方※	業績変動部分「ある」企業の比率（%）	78.3	54.4	64.1	51.6

※正社員については，諸手当（職位に基づく手当）84.6%，諸手当（職務に基づく手当）59.0%，諸手当（精皆勤手当）14.8%，賞与・一時金の決め方85.0%であった。

に社員格付け制度の果たす役割が大きいことが示唆された。

7.5 契約社員の基幹労働力化の規定要因

7.5.1 変数の説明

以下では，人事管理の基盤システムと賃金管理のあり方が，契約社員の基幹労働力化に及ぼす影響を重回帰分析により検討する。

契約社員と正社員の賃金管理の均衡を測定する際には，どのレベルの正社員と比較するかがポイントになる。そこで本章では，正社員と同等の仕事をしている契約社員がいる企業777社を対象とする。

従属変数の契約社員の基幹労働力化[10]に関しては，量的基幹化と質的基幹化の２つの変数を用いる。先行研究（例えば，佐藤・佐野・原，2003；島貫，2007）では，量的基幹化の代理変数として非正社員比率やパートタイマー比率等を用いているが，本章では，当該企業が雇用する契約社員全体に占める正社員と同等の仕事をしている契約社員の割合（以下，量的基幹化）を用いる。なぜなら，正社員と同等の仕事をしている契約社員，すなわち企業内で重要な社員群であることが想定される契約社員に特化し，その量的な拡大を見ることにより，企業内での契約社員の労働の重要度の高まりが，より鮮明になるからである。量的基幹化の平均値は73.61％（標準偏差32.35）である。

さらに，もう１つの質的基幹化の指標としては，基幹化の程度に着目し，正社員の等級ランクを基準に，正社員と同等レベルの仕事を担う契約社員の仕事レベルを10段階（一般職Ⅴ（高卒初任）レベル＝１～部長相当職=10）[11]で尋ねた質問項目の値（以下，「質的基幹化」）を用いる。質的基幹化の平均値は3.74（標準偏差2.27）であり，これは大卒新入社員よりほぼ１等級上位の正社員が担当している仕事に相当する。

独立変数は，人事管理の基盤システムと賃金管理に関する変数である。基盤システムは，その導入状況をみるために契約社員格付制度ダミー（制度あり＝1，なし＝0），契約社員区分制度ダミー（制度あり＝1，なし＝0）を設定した。

賃金管理の均衡度は，賃金制度と賃金水準の２つに分けて変数を設定した。まず賃金制度は，西本・今野（2003）を参考に，昇給の有無，支払方法，諸手当（職位に基づく手当），諸手当（職務に基づく手当），諸手当（精皆勤手当），賞与・一時金の有無，賞与・一時金の決め方の７項目について，正社員の賃金制度が，どの程度，契約社員に適用されているのかという観点から，均衡度を算出した。具体的には，各項目について，正社員と契約社員が同じ場合には１点，正社員と契約社員では内容が異なる（もしくは契約社員の一部のみが対象である）場合は0.5点，正社員のみであり契約社員は対象ではない場合は０点となるように配点し[12]，その合計点を算出した。賃金制度の均衡度の平均は，4.58点（標準偏差1.39）である。

ついで賃金水準の均衡度は，正社員の月例給の時間当たり給与を100とした場合の契約社員の割合を用いる。賃金水準の均衡度は，平均87.73（標準偏差15.80）である。

また本分析では，コントロール変数として，企業属性，契約社員の特性，正社員の人事管理に関する変数を設定した。企業属性変数は，業種ダミー（製造業を基準にそれぞれ該当＝１，非該当＝０），対数変換した正社員数，非正社員比率（対従業員数）を設定した。契約社員の特性変数は，非正社員に占める契約社員の割合，特定職種ダミー[13]（特定職種に就いている＝１，いない＝０），特定時間帯勤務ダミー[14]（勤務している＝１，いない＝０），転換ダミー（過去３年間に正社員へ転換した人がいた＝１，いない＝０）を設定した。

さらに契約社員の活用には，正社員に対する人事管理の影響が考えられることから，正社員の人事管理変数として，正社員格付け制度ダミー（制度あり＝１，なし＝０），一般社員レベルの正社員の昇給を決める際の評価項目（評価項目全体[15]を100とした場合の「仕事内容」，「個人の成果」の構成比）をコントロール変数として設定した。分析に用いた変数の平均値，標準偏差と変数間の相関は，**付表５**のとおりである。

7.5.2 分析結果

契約社員の基幹労働力化を従属変数，人事管理の基盤システムおよび賃金管理の均衡度を独立変数，企業属性，契約社員の特性，正社員の人事管理をコントロール変数とした重回帰分析を行った。Model 1は，独立変数に契約社員に対する基盤システム（社員区分制度と社員格付け制度）を投入し，Model 2は，独立変数に賃金管理（賃金制度と賃金水準）を投入したものである。賃金管理は人事管理のサブシステムの1つであり，土台となる基盤システムの上に構築されたものであることから，Model 2では基盤システムをコントロール変数として投入している。さらにModel 3では，Model 2に賃金制度と賃金水準の交互作用項[16]を追加投入した。分析結果は，**表7-2**のとおりである。

分析の結果をみると，第1に，Model 1で示す人事管理の基盤システムと量的基幹化は回帰式のあてはまりが悪く，これらの間に有意な関係性はみられない。また質的基幹化との関係をみると，基盤システムのうち社員区分制度は，質的基幹化に有意な正の影響を及ぼしているのに対して，量的基幹化との間には有意な傾向がみられないことから，仮説1は，社員区分制度と質的基幹化との関係について支持された。

第2に，Model 2の賃金管理の均衡度と契約社員の基幹労働力化の関係をみると，賃金制度の均衡と量的基幹化との間にはとくに有意な関係は確認できないが，賃金水準の均衡は，契約社員の量的基幹化に有意な正の影響を及ぼしている。さらに，賃金制度の均衡は，質的基幹化に正の有意な影響を及ぼしているが，賃金水準との間にはとくに関係がみられないことから，仮説2aは，賃金制度と質的基幹化について，仮説2bは，賃金水準と量的基幹化について支持された。

第3に，Model 3の賃金制度の均衡度と賃金水準の均衡度の交互作用項は，契約社員の量的基幹化にはとくに有意な影響を及ぼさないが，質的基幹化に有意な負の影響を示した。このことから，仮説3は，量的基幹化，質的基幹化ともに支持されなかった。**図7-2**は，賃金制度の均衡度と賃金水準の均衡度の交互作用効果をグラフ化したものである。交互作用効果のグラフ化に際しては，

表7-2　契約社員の人事管理の基盤システム・賃金管理と基幹労働力化との関係

		Model 1				Model 2				Model 3			
		量的基幹化		質的基幹化		量的基幹化		質的基幹化		量的基幹化		質的基幹化	
		β	標準誤差	β	標準誤差	β	標準誤差	β	標準誤差	β	標準誤差	β	標準誤差
(定数)		83.448***	5.717	3.633***	.370	58.552***	8.431	2.874***	.548	57.910***	8.461	2.980***	.549
企業属性	運輸・通信業ダミー(ref.=製造業)	.020	2.911	.003	.188	.017	2.898	.006	.188	.018	2.900	.004	.188
	卸・小売業ダミー	.048	2.450	−.017	.158	.049	2.433	−.017	.158	.050	2.434	−.019	.158
	医療・福祉業ダミー	−.020	3.055	−.098***	.198	−.026	3.036	−.099***	.197	−.026	3.036	−.099***	.197
	サービス業ダミー	.006	2.381	.001	.154	.005	2.367	−.002	.154	.005	2.367	−.003	.154
	正社員数（対数）	−.016	.770	−.009	.050	−.013	.764	−.008	.050	−.012	.765	−.011	.050
	非正社員比率（対従業員数）	−.074**	.041	−.022	.003	−.077**	.041	−.033	.003	−.077**	.041	−.034	.003
契約社員の活用状況	非正社員に占める契約社員の割合	−.030	.027	−.046	.002	−.027	.027	−.048	.002	−.025	.027	−.053*	.002
	特定職種ダミー	−.025	1.812	.057*	.117	−.024	1.801	.060**	.117	−.025	1.801	.061**	.117
	特定時間帯勤務ダミー	.011	2.818	−.045	.182	.015	2.799	−.044	.182	.017	2.803	−.047	.182
	正社員転換ダミー	−.036	1.983	−.116***	.128	−.038	1.971	−.119***	.128	−.039	1.971	−.119***	.128
正社員の人事管理	正社員格付け制度ダミー	−.011	2.131	.038	.138	−.012	2.117	.039	.138	−.012	2.118	.037	.137
	正社員の評価項目（仕事内容）	−.060*	.066	.064**	.004	−.062**	.066	.066**	.004	−.062**	.066	.068**	.004
	正社員の評価項目（個人の成果）	−.035	.046	.070**	.003	−.038	.046	.066**	.003	−.039	.046	.068**	.003
基盤システム	社員区分制度ダミー	.051	2.395	.325***	.155	.049	2.378	.324***	.155	.050	2.382	.320***	.155
	社員格付制度ダミー	−.028	2.521	.013	.163	−.035	2.530	.003	.165	−.036	2.531	.005	.164
賃金管理	賃金制度					.024	.727	.061**	.047	.026	.728	.067**	.047
(均衡度)	賃金水準					.123***	.063	.029	.004	.125***	.063	.027	.004
	賃金制度×賃金水準									.028	.056	−.167***	.004
F値		1.059		11.592***		1.961**		10.571***		1.898**		10.824***	
調整済み決定係数（R^2adjusted）		.010		.129		.015		.146		.016		.170	
決定係数の変化量（ΔR^2）						.017***		.004**		.001		.008***	

注1：N=777
注2：***p<.01，**p<.05，*p<.10

図7-2　賃金制度と賃金水準の交互作用関係

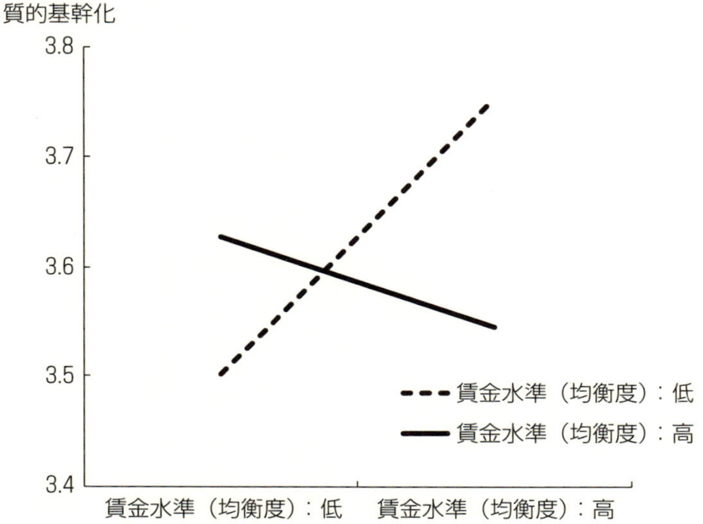

賃金制度および賃金水準の均衡度の中央値を基準にサンプルを分割した。この図をみると，賃金水準の均衡度が低い場合には，賃金制度の均衡度の高い群のほうが，低い群に比べて質的基幹化が進むが，賃金水準の均衡度が高い場合には，賃金制度の均衡度が低い企業群のほうが，高い企業群に比べて質的基幹化が進んでいることがわかる。

7.6　賃金管理と基幹労働力化との関係

本章では，契約社員の基幹労働力化を規定する要因として，人事管理の基盤システムと賃金管理に着目した。分析結果を通して明らかになったことは，主に以下の３点である。

第１に，人事管理の基盤システムと基幹労働力化に関する仮説１では，量的基幹化との間に有意な関係を確認できなかったが，社員区分制度と質的基幹化との間で有意な正の関係がみられた。この結果は，正社員と同等の仕事を担当する契約社員が人数の面で増えたとしても，それが同じ仕事内容や同じレベルの仕事であり，契約社員の同質性が高い場合には，企業内で１つの社員グループとして一括管理が可能であることを示す。一方，契約社員の質的基幹化は，契約社員の能力や従事する仕事レベルの高度化を意味すると同時に，企業内で契約社員が担う仕事内容や仕事レベルの広がりを示すことから，同一企業内であっても，個々の契約社員によって担当する仕事内容やレベルが異なり，契約社員は多様化する。そのため，企業内のすべての契約社員を同一の社員グループとして画一的に管理することは困難であり，契約社員を複数のグループに区分し，それぞれのグループに対応した人事管理の整備が必要であることを示唆している。

第２に，仮説２の賃金管理と契約社員の基幹労働力化の関係については，賃金水準の均衡が量的基幹化に，賃金制度の均衡が質的基幹化に有意な正の影響を及ぼしていることが明らかになった。これは，企業が契約社員について，どのような活用方針をとるかによって，考慮すべき均衡処遇が異なることを示唆しており，正社員と同等の仕事レベルに従事する契約社員数の増大を重視するのであれば，水準面での均衡を考慮する必要がある。一方，より高度な仕事レベルでの契約社員の活用を重視するのであれば，制度面での均衡を考慮することが求められる。

この結果から，本来，賃金水準は賃金制度によってもたらされる最終的な結果にもかかわらず，企業では契約社員の賃金水準と賃金制度は，独立したロジックで決定していると考えられる。企業は，賃金制度に先行して，賃金水準で正社員との均衡をとることにより，正社員と同等の仕事をしている契約社員の賃金に対する不満を低下させることに成功し，その結果，正社員と同等の仕事レベルに従事する契約社員数の増大につながっている。それに対して，質的基幹化に伴って契約社員が多様化すると，正社員と契約社員という雇用形態間の賃金水準の均衡がとられても，契約社員内の公正性や納得感を保つことは難しい。そのため，契約社員に高度な仕事を任せるためには，同等レベルの仕事に従事する正社員との均衡を考慮した賃金制度を導入し，それに基づいた水準の賃金を支払う必要がある。つまり，結果としての賃金水準を合わせるだけでなく，賃金制度において，正社員との均衡を考慮することにより，それに基づいて決まる賃金水準は透明性が高く，プロセスに対する納得感が高まるため，最終的な賃金水準が正社員に比べて低かったとしても，多様な社員区分間の公正性や納得性が担保され，高度な仕事レベルでの契約社員の活用が進むのだろう。

第3に，質的基幹化において，賃金制度の均衡度と賃金水準の均衡度の交互作用項が負の影響を示していることから，賃金制度の均衡度と質的基幹化は有意な正の関係にあるが，賃金水準が高い企業ではそうでない企業に比べてその効果が弱くなり，むしろ質的基幹化が停滞する。これは，企業がとる契約社員の活用の程度によって，契約社員の賃金管理のあり方が異なることを示唆している。量的基幹化と質的基幹化がともに一定レベル以上に進んだ企業では，契約社員の仕事が高度化するのに伴い，正社員と契約社員間の仕事の分業が進展し，その結果，正社員と契約社員の賃金管理が分離して行われるようになり，契約社員と正社員の賃金制度の均衡を考慮する必要がなくなると考えられる。

第2，第3の点をもとに，賃金管理と基幹労働力化との関係を示したものが**図7-3**である。第Ⅲ象限の量的基幹化と質的基幹化がともに低く，契約社員の活用が進んでいない企業では，契約社員の活用が進んでいないことから，契約社員と正社員との均衡処遇を考慮する必要性は少なく，賃金水準，賃金制度の両面において正社員との均衡は低い。

図7-3 賃金管理と基幹労働力化との関係

		量的基幹化	
		L（Low）	H（High）
質的基幹化	H	**<第Ⅱ象限>** 賃金水準（L） 賃金制度（H）	**<第Ⅰ象限>** 賃金水準（H） 賃金制度（L）
	L	**<第Ⅲ象限>** 賃金水準（L） 賃金制度（L）	**<第Ⅳ象限>** 賃金水準（H） 賃金制度（L）

それに対して，第Ⅱ象限の量的基幹化が低く，質的基幹化が高い企業では，正社員と同等の仕事レベルに従事する契約社員の人数は少ないが，非常に高度な仕事を担当する契約社員が存在し，中には正社員と同様に管理・監督業務を担う契約社員が登場する。その結果，同一企業内で同じ管理・監督業務を担う正社員と賃金水準の面で均衡をとることは困難であるが，少なくとも賃金決定のプロセスに対する納得性を高め，契約社員の不満を低下させるために賃金制度面の均衡を考慮するようになる。また質的基幹化に伴い，正社員の仕事とは異なる高度な専門業務に特化する契約社員が登場する可能性も考えられるが，第Ⅱ象限の段階ではそれらの契約社員の人数は限定的であり，契約社員を対象に正社員と別枠の賃金管理を行うほどではないため，正社員との賃金制度の均衡を高めることで，高度な専門業務に携わる契約社員の賃金管理を行うといった選択をするものと考えられる。

ついで第Ⅳ象限の量的基幹化が高く，質的基幹化が低い企業では，契約社員は，同一企業内の比較的低いレベルの仕事に従事する正社員と類似の仕事を担当することが想定される。そうした場合に，契約社員の人数が増加するもしくは人数を増やすためには，正社員と同等の仕事をしている契約社員の賃金に対する不満を低下させ，正社員との公正性や納得感を高めるために，正社員との水準の均衡を考慮する必要が生じる。

さらに，第Ⅰ象限に示すように，契約社員の量的基幹化と質的基幹化がともに高くなると，それまでは高度な仕事を担当する契約社員が限定的であるため，場当たり的に契約社員に管理・監督業務も任せてきたが，同レベルの契約社員の人数が増加することにより，正社員と契約社員間で仕事を再配分する必要が生じ，管理・監督業務は正社員，専門業務は契約社員と，社員区分間での分業が進むものと考えられる。その結果，企業は，正社員と契約社員の賃金管理を切り離して考えるようになり，正社員と契約社員の賃金決定のプロセスを別枠で管理することで，逆に正社員と契約社員の賃金制度の均衡は低下する。

7.7　小括

本章では，非正社員の研究の中でこれまで着目されることの少なかった契約社員に焦点をあて，第1に，契約社員に対する社員格付け制度と社員区分制度の整備状況に注目し，契約社員の人事管理の実態を明らかにした。第2に，社員格付け制度と社員区分制度といった人事管理の基盤システムと賃金管理が，契約社員の基幹労働力化に及ぼす影響を検証した。本章の分析結果から，以下の含意が得られる。

第1に，契約社員は企業内で正社員に極めて近い社員群であるにもかかわらず，人事管理の整備に積極的に取り組んでいる企業は少ない。しかしながら，契約社員の質的基幹化に並行して契約社員の多様化が進むことをふまえると，契約社員に高度な仕事を任せるためには，社員区分制度を導入し，多様化する契約社員を複数のグループに区分し，期待する役割と仕事レベルを明確にし，それに対応した処遇を整備することが求められる。また人事管理の基盤システムの導入状況別に契約社員の人事管理の実態をみると，社員格付け制度を導入している企業ほど，正社員と契約社員との処遇の均衡が進んでいることから，契約社員の有効な活用と，それを実現するための均衡を考慮した処遇を整備するためには，人事管理の基盤を形成する社員区分制度と社員格付け制度を整備することが必要不可欠であろう。

第2に，西本・今野（2003）が指摘するように，本来，「処遇の水準」は「処遇の決め方（制度）」に基づいて決まる関係にあるが，企業は，契約社員の賃金制度と賃金水準を分けて管理してきたようである。本章の分析結果では，賃金水準の均衡と量的基幹化，賃金制度の均衡と質的基幹化との関係が明らかになったことから，正社員と同等レベルの仕事に従事する契約社員が増大すると，企業は，正社員との均衡を賃金水準の面で配慮し，契約社員の仕事レベルが高度化すると，賃金の決定方法において均衡を配慮する傾向が確認された。これらを前提とすると，契約社員の活用方針をどのように捉えるかによって，企業がとるべき契約社員の賃金管理のあり方は大きく異なる。量的基幹化を推進する企業では，契約社員の賃金管理を考える上で，まずは正社員との賃金水準の均衡を重視する必要があり，質的基幹化を推進する企業では，契約社員の多様性が高まることをふまえ，賃金水準よりも賃金決定のルールを明確にし，賃金制度での正社員との均衡を重視することが重要である。ただし，本章の分析結果から，契約社員の量的基幹化と質的基幹化が進み，企業内で契約社員は専門業務，正社員は管理・監督業務といったように，契約社員と正社員間の仕事の分業が進んだ場合には，契約社員の賃金管理は正社員と分離して考慮されることになり，結果として，正社員との賃金制度の均衡を考慮する必要性は低下することが推測される点にも留意が必要である。

最後に，本章の限界と今後の検討課題を述べる。第１に，同一企業内の契約社員の多様化の現状を正確に把握できていない点である。多くの先行研究で指摘されているように，契約社員にはさまざまな社員タイプが混在している。本章では，仕事レベルの面から多様化を把握しているが，仕事レベルに加えて働き方等によっても，企業がとるべき活用方針や人事管理は異なるはずである。

第２に，契約社員の基幹労働力化は，正社員や他の非正社員の人事管理の影響を受けることが想定されることから，この点についても検討が必要である。

第３に，契約社員の人事管理の基盤システムおよび賃金管理が基幹労働力化に及ぼす因果関係については，厳密な分析が行えていない点である。本章では，人事管理のあり方が基幹労働力化を進めるという観点から分析を行ったが，基幹労働力化が人事管理のあり方を規定することも大いに考えられる。そのため，因果推定を行うために個別企業の人事管理，基幹労働力化等についての時間横断的なデータを入手し，本結果を再検討する作業が今後必要である。

付表５　変数の記述統計と相関係数

	平均値	標準偏差	1	2	3	4	5	6
1 量的基幹化	73.610	32.350	1	.071	.023	−.039	.010	.125**
2 質的基幹化	3.741	2.270	.071	1	.366**	.084*	.096*	.040
3 社員区分制度	0.206	0.404	.023	.366**	1	.207**	.093**	.028
4 社員格付け制度	0.150	0.357	−.039	.084*	.207**	1	.210**	.037
5 賃金制度	4.582	1.388	.010	.096*	.093**	.210**	1	.048
6 賃金水準	87.733	15.795	.125**	.040	.028	.037	.048	1
運輸・通信業	0.113	0.317	.019	−.017	−.060*	−.062*	−.115**	.032
卸・小売業	0.186	0.390	.036	.017	−.024	.005	.037	−.020
医療・福祉業	0.121	0.326	−.032	−.151**	−.027	.003	−.012	.045
サービス業	0.234	0.424	−.018	.060	.157**	.077*	.142**	−.013
正社員数（対数）	5.709	1.160	.003	.030	.003	.049	−.055	−.012
非正社員比率（対従業員数）	29.433	24.576	−.078*	−.013	.077*	.169**	.243**	.002
契約社員の割合	49.707	32.697	−.016	−.048	.020	−.004	−.005	−.032
特定職種	0.362	0.481	−.008	.157**	.270**	.038	−.046	.007
特定時間帯勤務	0.111	0.314	−.011	−.057	.021	.027	.011	−.029
正社員転換	0.754	0.431	−.013	.117**	.088**	.129**	.008	.018
正社員格付け制度	0.785	0.411	−.076*	.046	−.037	−.048	−.054	.025
正社員の評価項目（仕事内容）	12.450	13.037	−.017	.123**	.056	.017	.067	.012
正社員の評価項目（個人の成果）	24.243	19.904	−.046	−.030	.315**	.074*	.117**	.023

注：**p<.01，*p<.05

注

1　本章は，「契約社員の人事管理と基幹労働力化―基盤システムと賃金管理の二つの側面から―」『日本経営学会誌』（第36号，白桃書房，2015年）による。

2　契約社員を活用している事業所を，その活用目的に基づき「専門的活用型」，「試行的活用型」，「補助的活用型」，「コスト節減型」に類型化し，賃金水準と賃金格差，正社員登用制度の状況，契約社員の意識，活用上の問題点等の特徴を明らかにしている。

3　59歳以下の契約社員を，その属性に基づいて「専門職型」，「若年型」，「家計補助型」，「生計維持型」に類型化し，それぞれの特徴と直面する課題について明らかにしている。

4　社員区分制度と仕事レベルによって，契約社員をいくつかのグループに分けて管理している場合の最も高度な仕事を担当している契約社員グループ「専門契約社員」，契約社員をいくつかのグループに分けて管理している場合の最も軽易な仕事を担当している契約社員グループ「一般契約社員」，契約社員をグループに分けて管理していない場合の契約社員グループを「非区分契約社員」に類型化している。

5　本章の基となる「契約社員の人事管理と基幹労働力化―基盤システムと賃金管理の二つの側面から―」『日本経営学会誌』（第36号，白桃書房，2015年）では「全基連調査」としているが，本章では第８章との関係から「契約社員調査」と呼ぶことにする。

6　「契約社員調査」における非正社員（契約社員・準社員，パートタイマー，アルバイト，嘱託社員）の定義はすべて企業の呼称に基づくものである。

7　回答企業の業種は，製造業が26.3％で最も多く，これにサービス業（23.2％），卸・小売業（18.5％）が続いている。従業員数は，正社員数が平均785.49人，非正社員数（実人員数）が平均334.31人である。

8　調査および調査データの詳細は，全国労働基準関係団体連合会（2007）に記されているが，同報告書が現在では入手困難であることから，研究内容の検証可能性という点については一定の限界がある。

9　契約社員比率別にみた社員区分制度の導入企業比率は，契約社員比率５％未満では14.8％であるのに対して，同５～15％未満が22.0％，同15～30％未満が20.5％，同30％以上が22.8％となっている。

10　本田（2004）が指摘するように，基幹労働力化には，量的基幹化と質的基幹化の２種類の基幹化があり，このうち量的基幹化は，単なる量的な拡大ではなく，企業内での量的な拡大とそれがもたらす労働の重要性の上昇を含んだ概念を指す。一方，質的基幹化は，仕事内容や能力が向上し，正社員のそれに接近していることを指す。

11 具体的には，一般職Ⅴ（高卒初任），一般職Ⅳ，一般職Ⅲ（大卒初任），一般職Ⅱ，一般職Ⅰ，係長・主任相当Ⅱ，係長・主任相当Ⅰ，課長相当，次長相当，部長相当の10等級を設定した。

12 昇給，支払方法（月例給もしくは年俸）については，一般的に正社員に広く適用されている制度であることから，正社員と同様に契約社員にも適用している場合は1点，適用していない場合は0点とした。諸手当は，正社員と契約社員の両方に同じように支給している場合は1点，正社員と契約社員で異なる適用をしている（正社員には支給していない）場合は0.5点，契約社員は支給対象ではない（正社員のみ支給している）場合は0点とした。賞与・一時金の支給については，契約社員全員に支給している場合は1点，一部に支給している場合は0.5点，全員に支給していない場合は0点とした。さらに，賞与・一時金の決め方は，人事考課や会社業績等で変動する部分の有無が，正社員と契約社員の両者ともにある場合は1点，契約社員のみにある場合は0.5点，正社員のみにある場合は0点とした。

13 契約社員を決める基準として「特定職種の業務（例えば，専門職・技術職，事務職，サービス職，保安職など）に就くことを基準にしているか」の設問に対する回答を用いる。

14 契約社員を決める基準として「特定時間帯（例えば，早朝・深夜，休日，繁忙期など）に就くことを基準にしているか」の設問に対する回答を用いる。

15 評価項目をどの程度考慮しているか，各評価項目（能力，仕事内容，個人の成果，属人的要素，執務態度，その他）の構成比の合計が100になるように回答している。

16 交互作用項については，多重共線性を回避するために平均値の修正手続き（mean centering）を行った上で投入している。

参考文献

有賀健・神林龍・佐野嘉秀（2008）「非正社員の活用方針と雇用管理施策の効果」『日本労働研究雑誌』第577号, pp.78-97.

今野浩一郎（2012）『正社員消滅時代の人事改革』日本経済新聞出版社.

今野浩一郎・佐藤博樹（2009）『マネジメント・テキスト　人事管理入門（第2版）』日本経済新聞出版社.

江夏幾多郎（2012）「人事システムの内的整合性とその非線形効果—人事施策の充実度における正規従業員と非正規従業員の差異に着目した実証分析—」『組織科学』第45巻3号, pp.80-94.

佐久間敦子（2001）「研究事例報告 契約社員の実像についての再考察―繊維業A社の実例をもとに―」『労働社会学研究』第３巻, pp.110-116.

佐藤博樹（2015）「改正パートタイム労働法と企業の人材活用の課題」『ジュリスト』第1476号, pp.37-41.

佐藤博樹・佐野嘉秀・原ひろみ（2003）「雇用区分の多元化と人事管理の課題―雇用区分間の均衡処遇―」『日本労働研究雑誌』第518号, pp.31-46.

篠崎武久・石原真三子・塩川崇年・玄田有史（2003）「パートが正社員との賃金格差に納得しない理由は何か」『日本労働研究雑誌』第512号, pp. 58-73.

島貫智行（2007）「パートタイマーの基幹労働力化が賃金満足度に与える影響―組織内公正性の考え方をてがかりに―」『日本労働研究雑誌』第568号, pp.63-76.

―――（2011）「非正社員活用の多様化と均衡処遇―パートと契約社員の活用を中心に―」『日本労働研究雑誌』第607号, pp.21-32.

社団法人全国労働基準関係団体連合会（2007）『契約社員・準社員の人事・賃金制度に関する調査研究報告書―均衡処遇からみた人事・賃金制度に関する調査研究報告（２）―』.

総務省統計局（2013）『平成24年就業構造基本調査　結果の概要』総務省統計局.

高橋康二（2010）「契約社員の人事管理―企業ヒアリング調査から―」『Business Labor Trend』2010年７月号, pp.18-23.

武石恵美子（2003）「非正規労働者の基幹労働力化と雇用管理」『日本労務学会誌』第５巻１号, pp.2-11.

西本万映子・今野浩一郎（2003）「パートを中心にした非正社員の均衡処遇と経営パフォーマンス」『日本労働研究雑誌』第518号, pp.47-55.

藤波美帆（2007）「専門職契約社員の人材活用政策に関する考察」『学習院大学大学院経済学研究科・経営学研究科研究論集』第15巻１号, pp.49-67.

本田一成（2004）「職場のパートタイマー―基幹化モデルを手がかりにした文献サーベイ―」JILPT労働政策レポート No.1, 労働政策研究・研修機構.

―――（2007）『チェーンストアのパートタイマー―基幹化と新しい労使関係―』白桃書房.

労働政策研究・研修機構（2011a）『契約社員の人事管理と就業実態に関する研究』労働政策研究報告書 No.130.

―――（2011b）『非正規雇用に関する調査研究報告書―非正規雇用の動向と均衡処遇, 正社員転換を中心として―』労働政策研究報告書 No.132.

第8章　非正社員の人事管理と経営パフォーマンス

8.1　経営パフォーマンスを検討する必要性

第６章と第７章では，非正社員の活用と人事管理との関係に焦点をあて，非正社員の活用状況によって，人事管理のあり方が異なることを明らかにした。次に問題となるのは，そういった非正社員の人事管理のあり方が，経営パフォーマンスにどのような影響を及ぼすのかである。なぜなら，企業が経営活動を継続させていくためには，経営パフォーマンスへの影響は無視できない問題であり，グローバル化，市場の不確実性の高まり等の経営環境の変化に伴って，人事管理の適用においても，経営パフォーマンスへの貢献が期待されているからである。なお，本章では非正社員の中でも雇用比率が高く，第７章の分析結果より，正社員との均衡処遇を意識する必要性が高い非正社員グループであることが示唆されたパートタイマーと契約社員の２つの主要な非正社員グループに着目し，人事管理と経営パフォーマンスとの関係を検討する。

正社員と非正社員間の均衡処遇の取り組みが，非正社員の就労意欲，賃金格差に対する納得感・満足度，能力向上意欲にどのような効果を及ぼすのかについて，さまざまな実証的研究が進められてきた（篠崎・石原・塩川・玄田，2003；島貫，2007；奥西，2008など）。しかしながら，それらの経営パフォーマンスへの効果を実証的に明らかにした研究は少なく，その関係は解明されていない。例えば，西本・今野（2003）によると，正社員と非正社員間の均衡処遇は，経営パフォーマンスに正の効果を及ぼしており[1]，その傾向がとくに人事管理制度の「決め方」において顕著であることを示している。しかし，江夏（2011）では，非正社員の活用に関連した一連の人事施策の充実度と売上高経常利益率との間に有意な関係がみられず，さらに非正社員の基幹労働力化が進んだ企業においては，非正社員の人事施策を正社員に近づけることは，売上高経常利益率の向上に貢献しないことが示されている。

さらに，これまでの章で指摘してきた，非正社員の多様化が進み，同じ非正社員でもパートタイマーと契約社員では，適用される人事管理が異なるという現状をふまえると，非正社員グループによって，正社員との人事管理制度の均衡が経営パフォーマンスに及ぼす影響は異なるはずである。非正社員全体を対象とした先行研究を越えて，非正社員をグループ分けした上で，非正社員の人事管理と経営パフォーマンスの関係を検討する必要がある。

このような問題意識に基づいて，本章では，主要な非正社員グループであるパートタイマーと契約社員それぞれについて，正社員との人事管理制度の均衡が経営パフォーマンスへ及ぼす効果を分析し，非正社員グループによって，効果にどのような違いが現れるかを明らかにする。

8.2　分析データ

分析で用いるデータは，社団法人全国労働基準関係団体連合会（現．公益財団法人全国労働基準関係団体連合会）「均衡処遇からみた人事・賃金制度に関する調査研究会」が2006年２月に実施した「パートタイマーの人事・賃金制度に関する調査（厚生労働省委託調査）」（以下，「パートタイマー調査」）と，第７章の分析で用いた2006年10月に実施した「契約社員・準社員の人事・賃金制度に関する調査（厚生労働省委託調査）」（以下，「契約社員調査」）である。この２つの調査は，非正社員の人事・賃金制度を検討するために実施されたものであり，パートタイマーと契約社員・準社員（以下，「契約社員」）の人事管理制度の比較検討が可能なように，調査票の大部分が同じ質問項目で構成されている。

「パートタイマー調査」は，帝国データバンクの企業データから抽出された10,000社の人事部門の責任者を対象に実施されたアンケート調査であり，パートタイマーを雇用している企業のみに回答を求めたものである。有効回答数は，2,291社（回収率22.9％）である。有効回答企業の従業員数は平均184.9名であり，業種は卸売・小売業（22.2％），製造業（20.6％），サービス業（18.3％）が多く，これらに医療・福祉業（13.9％），運輸・通信業（7.1％）が続いている。「契約社員調査」の概要は，第７章を参照してほしい。

なお，これらの２つの調査におけるパートタイマー，契約社員・準社員の定義は，すべて回答企業の呼称によるものである。

8.3　変数の説明

8.3.1　グループの定義

「パートタイマー調査」によると，パートタイマーを複数のグループに分けて人事管理を行う，つまり，パートタイマーを対象とした社員区分制度を導入している企業は16.6％である。また第７章で示したとおり，「契約社員調査」によると，契約社員を対象に社員区分制度を導入している企業は18.7％であり，パートタイマーや契約社員の内部をさらにグループに分けて管理している企業はそれぞれ２割弱である。

社員区分制度によりグループ分けされた社員には，グループごとに異なる人事・処遇制度が適用される。そのため，正社員との均衡処遇と経営パフォーマンスとの関係を検討する際には，それぞれのグループについてみる必要がある。そこで，以下では，「パートタイマー調査」と「契約社員調査」の調査対象であるパートタイマー，契約社員を複数のグループに分けて管理している企業（以下，「区分企業」）と区分せずに１つのグループとして管理している企業（以下，「非区分企業」）に分類する。このうち「区分企業」は，担当する仕事のレベルが異なる「上級パート」「上級契約社員」（最も高度な仕事を担当しているパートタイマー，契約社員）と「一般パート」「一般契約社員」（最も軽易

図8-1　パート・契約社員の類型化

		社員区分制度	
		導入している（区分企業）	導入していない（非区分企業）
		区分パート／区分契約社員	非区分パート／非区分契約社員
仕事レベル	最も高度な仕事	上級パート／上級契約社員	
	最も軽易な仕事	一般パート／一般契約社員	

な仕事を担当しているパートタイマー，契約社員）の各２つのグループの人事管理についてみていく（図8-1参照）。

8.3.2　指標の作成

経営パフォーマンスの指標としては，同業他社と比べた場合の最近の自社の業績に対する５段階評価（「良い」５点，「やや良い」４点，「良い」３点，「やや悪い」２点，「悪い」１点）の得点を用いる。ついで，厚生労働省・財団法人21世紀職業財団（2003）および西本・今野（2003）の均衡尺度を参考に，正社員と非正社員間の人事管理制度の均衡を測るための指標（以下，「人事・処遇管理指標」）を設定する。同指標は，仕事内容，キャリア管理，処遇の大きく３つの分野から構成される。人事管理制度は，通常，配置・異動，評価，教育訓練，報酬，福利厚生などの分野に分かれるが，ここでは正社員と非正社員間の人事管理の均衡を検討する際に，多くの先行研究で重視されてきた人材の活用に関わる人事管理分野（本指標では，仕事内容とキャリア管理に該当）と，月例給，賞与・一時金，退職金といった報酬関連分野（本指標では，処遇に該当）に着目する。

まず仕事内容をみる指標としては，パートタイマー（契約社員）全体を100％とした時の正社員と同等の仕事を担当しているパートタイマー（契約社員）の割合と，正社員の等級ランク（一般職Ⅴ（高卒初任）レベル=１～部長相当職=10の10等級）を基準とした正社員と同等レベルの仕事を担うパートタイマー（契約社員）の仕事レベルを用いる。キャリア管理をみる指標は，正社員への転換者比率，正社員に転換する場合に主に格付けされる正社員の等級ランク，パートタイマー（契約社員）のままでの昇進の最高レベルである。処遇をみる指標については，月例給部分は正社員と比較した場合の正社員と同等の仕事を担当しているパートタイマー（契約社員）の時間当たりの給与水準を用いる。賞与・一時金は，支給対象，支給水準，変動部分の割合，退職金は支給

表8-1　経営パフォーマンス指標と人事管理制度指標

<table>
<tr><th colspan="4">指標</th><th>作成方法</th></tr>
<tr><td colspan="4">経営パフォーマンス指標</td><td>「同業他社と比べて良い」５点，「やや良い」４点，「ほぼ同じ」３点，「やや悪い」２点，「悪い」１点</td></tr>
<tr><td rowspan="11">人事管理制度指標</td><td colspan="2" rowspan="2">仕事内容</td><td>正社員と同等の仕事をしているパートタイマー／契約社員の割合</td><td>パートタイマー／契約社員全体を100%としたときの正社員と同等の仕事をしているパートタイマー／契約社員の割合（同等の仕事をしているパートタイマー／契約社員がいない場合は「０」）</td></tr>
<tr><td>仕事レベル</td><td>正社員と同等の仕事を担当しているパートタイマー／契約社員の仕事のレベル（対正社員の資格等級）</td></tr>
<tr><td colspan="2" rowspan="3">キャリア管理</td><td>正社員への転換者比率</td><td>パートタイマー／契約社員から正社員へ転換した人数（年平均）をパートタイマー／契約社員の人数で除した値（転換した人がいない場合は「０」）</td></tr>
<tr><td>転換時の格付け</td><td>正社員に転換する場合に主に格付けされる等級（対正社員の資格等級）</td></tr>
<tr><td>昇進の最高レベル</td><td>パートタイマー／契約社員の身分のままで昇進したレベル「役員レベル」５点，「部長・次長レベル」４点，「課長レベル」３点，「係長・主任レベル」２点，「一般職レベル」１点</td></tr>
<tr><td rowspan="6">処遇</td><td>月例給</td><td>賃金水準</td><td>正社員と同等の仕事を担当しているパートタイマー／契約社員の時間当たりの給与水準（対正社員の給与）</td></tr>
<tr><td rowspan="3">賞与・一時金</td><td>支給対象</td><td>「全員に支給している」２点，「一部に支給している」１点，「全員に支給していない」０点</td></tr>
<tr><td>支給水準</td><td>2005年度／2006年度に支給した賞与・一時金（基本給の月数）（支給していない場合は「０」）</td></tr>
<tr><td>変動部分</td><td>人事考課や会社業績で変動する部分の割合（変動する部分がない場合は「０」）</td></tr>
<tr><td rowspan="2">退職金</td><td>支給対象</td><td>「全員に支給している」２点，「一部に支給している」１点，「全員に支給していない」０点</td></tr>
<tr><td>支給水準</td><td>最近退職した退職金が最も高いパートタイマー／契約社員の退職金を勤続年数で除した値</td></tr>
</table>

対象と支給水準から成る。具体的な指標の作成方法は，**表8-1**を参照してほしい。

8.4　パートタイマーの人事管理と経営パフォーマンスとの関係[2]

まず，人事管理の基盤となる社員区分制度，社員格付け制度との関係をみると，パートタイマーに社員区分制度を導入している「区分企業」の経営パフォーマンス指標は平均3.01点（標準偏差0.85），社員区分を導入していない「非区分企業」は同2.93点（標準偏差0.85）であり，両者の差はほとんどない（**表8-2**参照）。さらに社員格付け制度は，パートタイマーに社員格付け制度を導入している企業では，経営パフォーマンス指標は「上級パート」が平均3.06点（標準偏差0.97），「一般パート」が同3.03点（標準偏差0.84），「非区分パート」が同3.04点（標準偏差0.67）である。これらに対して社員格付け制度を導入していない企業では「上級パート」が平均2.98点（標準偏差0.81），「一般パート」が同3.00点（標準偏差0.84），「非区分パート」が同2.92点（標準偏差0.85）であることから，いずれのパートタイマーのタイプも社員格付け制度を導入している企業としていない企業による差は小さい。つまり，人事管理の基盤システムの整備状況が経営パフォーマンスに与える影響は，小さいといえ

表8-2　社員区分制度と社員格付け制度の導入状況別にみた経営パフォーマンス指標（パートタイマー）

			平均値（点）	標準偏差	度数
全体			2.94	0.85	1,582
社員区分制度の導入の有無別	はい（＝区分企業）		3.01	0.85	261
	いいえ（＝非区分企業）		2.93	0.85	1,300
社員格付け制度の導入の有無別	上級パート	はい	3.06	0.97	53
		いいえ	2.98	0.81	204
	一般パート	はい	3.03	0.84	58
		いいえ	3.00	0.84	200
	非区分パート	はい	3.04	0.67	46
		いいえ	2.92	0.85	1,241

る。他方，これらの人事管理の基盤システムとパートタイマーの雇用量との関係をみると，従業員に占めるパートタイマーの割合（以下，「パート比率」）が高いほど，社員区分制度，社員格付け制度を導入している企業が多いことから[3]，パートタイマーが増えるに伴い人事管理の基盤システムの整備は進むが，それ自体は経営パフォーマンスの向上に直接的な影響を及ぼしていない可能性が高い。

ついで相関分析により，仕事内容，キャリア管理，処遇の個別制度と経営パフォーマンスとの関係性を明らかにする。前述のとおり，パートタイマーに社員区分制度を導入している企業では，区分ごとに異なる人事管理が行われていることから，「区分企業」については上級パート，一般パート，「非区分企業」については非区分パートの人事管理制度指標と経営パフォーマンス指標との相関関係をみる。それぞれの相関係数を示したものが**表８-３**である。

区分企業をみると，一般パートの人事管理制度と経営パフォーマンスの間には何ら有意な関係がみられない。ついで上級パートをみると，担当する仕事レベルとパートタイマーから正社員への転換時の格付けの相関係数がそれぞれ有

表８-３　パートタイマーの人事管理制度指標と経営パフォーマンスとの関係

			区分企業		非区分企業
			上級パート	一般パート	非区分パート
仕事内容		正社員と同等の仕事をしているパートタイマーの割合	−0.004	−0.121	−0.009
		仕事レベル	0.294**	0.201	0.159*
キャリア管理		正社員への転換者比率	−0.111	0.072	−0.043
		転換時の格付け	0.294**	0.325	0.162*
		昇進の最高レベル	−0.016	−0.029	−0.023
処遇	月例給	賃金水準	−0.057	−0.015	0.038
	賞与・一時金	支給対象	0.059	0.067	0.053*
		支給水準	0.068	0.080	0.064*
		変動部分	−0.019	−0.007	−0.027
	退職金	支給対象	−0.079	−0.027	−0.077**
		支給水準	−0.362	0.13	−0.104

注１）**は１％水準で有意，*は５％水準で有意であることを示す。

意であることから，パートタイマーの担当する仕事のレベルが高い企業ほど，またパートタイマーが正社員に転換する場合に格付けされる等級が高い企業ほど経営パフォーマンスがよい可能性が示唆される。なお，処遇との間にはすべての指標で有意な関係がみられない。

非区分パートをみると，仕事レベル，転換時の格付けと経営パフォーマンス指標との相関係数が有意であることから，パートタイマーにより高度な仕事を担当させている企業ほど，また正社員に転換する場合の格付け等級が高い企業ほど経営パフォーマンスがよい可能性が示唆される。さらに，処遇と経営パフォーマンスとの関係をみると，賞与・一時金の支給対象，支給水準，退職金の支給対象との間に有意な関係がみられる。このうち退職金の支給状況の相関係数は負の値であることから，賞与・一時金をより多くのパートタイマーに支給している企業ほど，またその支給額が大きい企業ほど経営パフォーマンスがよいのに対して，退職金は支給対象となるパートタイマーが少ない企業ほど経営パフォーマンスがよいことが推測できる。

以上の結果より，パートタイマーに対する人事管理の取り組みが経営パフォーマンスの向上に与える影響の特徴を整理する（図8-2参照）。第1に，人事管理の基盤システムである社員区分制度，社員格付け制度の導入は，経営パフォーマンスの向上に直接的な影響を及ぼさない。パートタイマーの雇用の増大に伴い，パートタイマー内の秩序を維持し，パートタイマーの活用を進めるために，人事管理の基盤システムが構築されるが，それ自体が経営パフォーマンスに影響を与えるものではない。

第2に，正社員との均衡に配慮したキャリア管理，処遇を整備することは，経営パフォーマンスの向上につながる。キャリア管理については，パートタイマーにも正社員同様に，能力やキャリアに応じてより高度な仕事を任せ，さらにパートタイマーを正社員へ登用する際には，その能力に応じて，高い等級に格付けすることが鍵となる。また，処遇としては，賞与の支給対象，支給水準の両面において，正社員と均衡のとれた処遇が求められる。なお，退職金は長期雇用を前提としたものであるとの認識から，正社員と異なる対応が経営パ

図8-2　パートタイマーの人事管理が経営パフォーマンスに与える影響

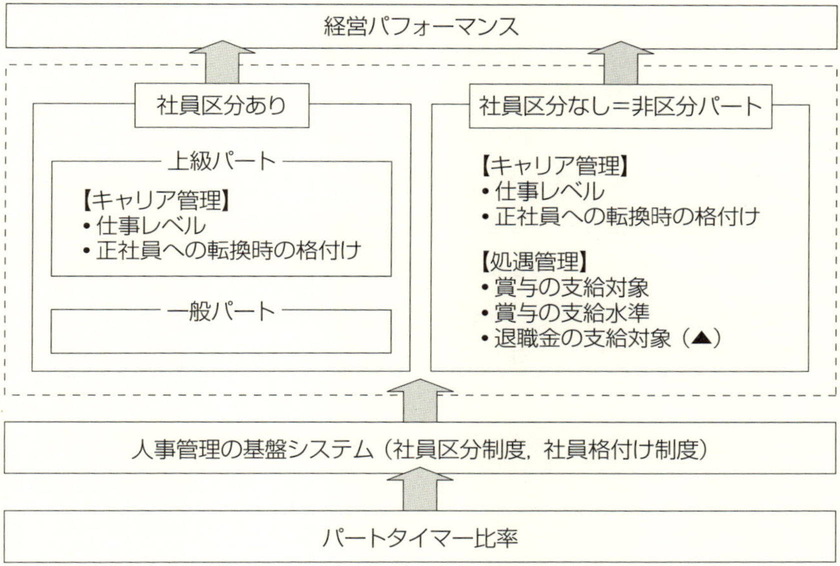

フォーマンスの向上につながる。

第３に，区分企業の「上級パート」では，人事管理の個別制度と経営パフォーマンスに有意な傾向がみられたのに対して，同じ企業で雇用されている「一般パート」では，何ら有意な傾向がみられなかった。このことから，パートタイマーに社員区分制度を導入している企業では，上位の区分に属するパートタイマーには高度な仕事を担当させる，正社員へ転換する際に高い等級に格付けるといった点を考慮することにより，経営パフォーマンスが向上する可能性がうかがえる。これに対して，軽易な仕事に従事し，下位の区分に属するパートタイマーの人事管理制度は，経営パフォーマンスに何ら影響を与えていないことから，経営パフォーマンスの高い企業では，すべてのパートタイマーに同じ役割を期待するのではなく，パートタイマーを複数グループに区分し，それぞれに対して期待する役割を明確にしている。

8.5 契約社員の人事管理と経営パフォーマンスとの関係

パートタイマーと同様に，まず人事管理の基盤システムの整備状況と経営パフォーマンスとの関係を確認する。**表8-4**をみると，契約社員に，社員区分制度を導入している企業の経営パフォーマンス指標は平均3.06点（標準偏差0.99），導入していない企業は2.97点（標準偏差0.91）であり，両者の差はほとんどない。また社員格付け制度をみると，同制度を導入している企業では，経営パフォーマンス指標の平均値は，「上級契約社員」が2.94点（標準偏差1.02），「一般契約社員」が2.89点（標準偏差1.20），「非区分契約社員」が3.06点（標準偏差0.87）である。これらに対して，導入していない企業では，「上級契約社員」が3.11点（標準偏差0.98），「一般契約社員」が3.10点（標準偏差0.93），「非区分契約社員」が2.95点（標準偏差0.91）である。つまり，社員区分制度を導入している企業と，導入していない企業の経営パフォーマンス指標の差は小さいが，社員区分制度を導入している企業の「上級契約社員」「一般契約社員」では，社員格付け制度を導入していない企業の経営パフォーマンス指標の平均値が導入している企業を上回っている。

また，パートタイマーと同様に，従業員に占める契約社員の割合（以下，「契約社員比率」）と人事管理の基盤システムとの関係を確認すると，契約社員

表8-4 社員区分制度と社員格付け制度の導入状況別にみた経営パフォーマンス指標（契約社員）

			平均値(点)	標準偏差	度数
全体			2.98	0.92	1,036
社員区分制度の導入の有無別	はい（＝区分企業）		3.06	0.99	190
	いいえ（＝非区分企業）		2.97	0.91	843
社員格付け制度の導入の有無別	上級契約社員	はい	2.94	1.02	52
		いいえ	3.11	0.98	137
	一般契約社員	はい	2.89	1.20	38
		いいえ	3.10	0.93	151
	非区分契約社員	はい	3.06	0.87	86
		いいえ	2.95	0.91	753

比率が高いほど，社員区分制度と社員格付け制度を導入している企業が多いことから[4]，契約社員の雇用の増大に伴い人事管理の基盤システムの整備は進むが，それ自体は経営パフォーマンスの向上に直接的な影響を及ぼしていないことがわかる。

ついで，正社員との人事管理制度の均衡と経営パフォーマンスとの関係をみるために，両者の相関係数を示したものが**表8-5**である。区分企業の上級契約社員をみると，仕事内容，キャリア管理，処遇に関する人事管理制度指標と経営パフォーマンスの間には何ら有意な関係がみられない。また一般契約社員については，契約社員としての昇進の最高レベルと経営パフォーマンスとの相関係数のみが有意である。さらに非区分企業をみると，非区分契約社員が正社員に転換する場合に，格付けされる等級と経営パフォーマンスとの間でのみ有意な関係がみられる。

以上の結果より，契約社員の人事管理が経営パフォーマンスに及ぼす影響について３つの特徴が確認された。

第１に，人事管理の基盤システムを形成する社員区分制度と社員格付け制度

表8-5　契約社員の人事管理制度指標と経営パフォーマンスとの関係

			区分企業		非区分企業
			上級契約社員	一般契約社員	非区分契約社員
仕事内容		正社員と同等の仕事をしている契約社員の割合	0.096	0.037	−0.034
		仕事レベル	0.087	−0.085	0.025
キャリア管理		正社員への転換者比率	−0.142	0.116	0.105*
		転換時の格付け	0.084	0.035	−0.002
		昇進の最高レベル	0.077	0.160*	0.019
処遇	月例給	賃金水準	−0.057	0.054	0.016
	賞与	支給対象	−0.010	0.029	−0.022
		支給水準	−0.009	−0.030	0.014
		変動部分	0.088	0.035	0.054
	退職金	支給対象	−0.111	−0.105	−0.041
		支給水準	0.194	−0.341	−0.031

注）*は５%水準で有意であることを示す。

は，契約社員の雇用の増大に伴い導入される傾向にあるが，それ自体は経営パフォーマンスの向上に直接的な影響を及ぼさない。逆に，契約社員を複数のグループに分けて管理している区分企業の上級契約社員と一般契約社員では，社員格付け制度を導入している場合に比べて，導入していないほうが経営パフォーマンス指標の平均値が高い。

第２に，全般的に契約社員の人事管理の個別制度と経営パフォーマンスとの間には有意な傾向がみられず，その傾向は，とくに高度な仕事に従事し，上位の区分に属する契約社員で顕著であった。上位区分の契約社員は，正社員の仕事とは異なる高度な業務・専門的な業務に特化する契約社員である可能性が高い。このような正社員と契約社員の分業構造がとられる場合には，正社員と契約社員の人事管理は別枠で行われることになるので，正社員の人事管理制度との均衡を考慮した人事管理制度を契約社員に設けることが，経営パフォーマンスの向上に結びつくことはない。

第３に，区分企業の一般契約社員と非区分企業の非区分契約社員に対してキャリア管理の領域で，契約社員に正社員に近い人事管理制度を導入することは，経営パフォーマンスの向上につながる可能性があるが，仕事管理や処遇の領域で，正社員との均衡を考慮することの経営パフォーマンスへの影響は確認できない。

8.6　小括

第４節ではパートタイマーの人事管理制度が，第５節では契約社員の人事管理制度が経営パフォーマンスに及ぼす影響をそれぞれ確認した。これらの結果をもとに，本節ではパートタイマーと契約社員による影響の違いを検討する。

第１に，人事管理の基盤システムの整備状況をみると，パートタイマー，契約社員ともに経営パフォーマンスに対する直接的な影響は確認できなかった。さらに契約社員では，社員区分制度を導入している企業の契約社員（上級契約社員と一般契約社員）に対して，社員格付け制度を導入すると，経営パフォーマンスが悪化する可能性が示された。グループ分けした契約社員を，さらにランク付けすることは，当該グループの社員に対してより細やかな人事管理を行うことにつながるが，契約社員は，パートタイマーに比べて相対的に雇用量が少ないことから，細かくランク付けを行うためのマネジメント・コストが，ランク付けをして管理する効果を上回ってしまう可能性がある。こういった傾向は，パートタイマー，契約社員ともに雇用量の増大に伴い，社員区分制度と社員格付け制度を導入する企業の比率が高まることとも整合性があり，企業は，人事管理の基盤システムの整備をそれに伴うマネジメント・コストの増大と整備することによる効果を比較検討した上で，整備を進めることになる（Cappelli and Neumark, 2001）。

第２に，契約社員ではパートタイマーと異なり，正社員との人事管理制度の均衡と経営パフォーマンスとの間にほとんど有意な関係がみられなかった。これはパートタイマーと契約社員では企業の活用方針が異なり，その結果，彼（彼女）らの組織内での比較対象が異なる可能性を示唆している。「パートタイマー調査」と「契約社員調査」を用いて，パートタイマーと契約社員の職種についてみると，特定職種に従事している企業の割合は，パートタイマーでは，上級パート50.2％，一般パート30.4％，非区分パート26.2％であるのに対して，契約社員では，上級契約社員65.0％，一般契約社員45.5％，非区分契約社員31.4％といずれもパートタイマーを上回っている。さらに特定職種を具体的にみると，専門・技術職に就いている割合が，上級パートが53.3％，一般パートが33.7％，非区分パートが33.1％であるのに対して，上級契約社員が73.8％，一般契約社員が37.5％，非区分契約社員が45.1％と契約社員がパートタイマーを上回っている。これらの結果から，企業は，契約社員をパートタイマーと異なり，特定の専門的な業務に従事させる傾向が強いことがわかる。そのため，契約社員は，パートタイマーに比べて正社員との業務の棲み分けが進み，人事管理の比較対象として正社員を選ばない可能性が高い。その結果，正社員との人事管理制度の均衡と経営パフォーマンスとの間に関係性が確認できないのかもしれない。

いま日本企業では，雇用形態の多様化に適合した人事管理の構築が求められている。そのためには，人材活用戦略に基づき人事管理の基盤システムである社員区分制度，社員格付け制度を整備し，それぞれの非正社員グループに対して，企業が期待する役割を明確にし，それに対応した人事管理を行うことが重要であり，それは従業員の満足度を高めるとともに，経営パフォーマンスの向上にもつながる。

最後に本章の限界として，以下の３点を指摘する。

第１に，分析で用いた２つの調査が同時に実施されたものではないことから，調査時点が異なることによる影響を排除できないこと，第２に，分析手法として相関分析を用いたが，同分析は２変数間の関係をみるにとどまり，因果の特定には第３の変数を加えて精緻化する必要があること，第３に，分析に用いたデータはクロスセクショナル・データであり，見かけ上の関係に過ぎない可能性があることである。非正社員の人事管理が経営パフォーマンスへ及ぼす効果を明らかにするには，これらの限界をふまえた上で，今後さらなる検討が必要である。

注

1　ただし，人事管理制度の均等度と業績，売上高成長率，社員数増加率は正の相関にあるものが多い（報酬制度や福利厚生を除く）が，売上高利益率とは無相関である。さらに，給与水準の均衡度については，経営パフォーマンスとすべて無関係である。

2　本節で紹介するパートタイマーの分析内容は，「ダイバーシティ・マネジメントとしての非正規雇用」若林直樹・松山一紀編『企業変革の人材マネジメント』ナカニシヤ出版，2008年）で紹介されたものに，一部加筆修正したものである。

3　社員区分制度は，パート比率10%未満の企業では導入率が9.9%であるのに対して，パート比率50%以上の企業では31.2%である。また社員格付け制度（区分企業は「上級パート」の値）は，パート比率10%未満の企業では導入率が3.0%であるのに対して，パート比率50%以上の企業では13.5%となっている。

4　社員区分制度は，契約社員比率５%未満の企業では導入率が14.8%であるのに対して，契約社員比率30%以上の企業では22.8%である。また社員格付け制度（区分企業は「上級契約社員」の値）は，契約社員比率５%未満の企業では導入率が11.9%であるのに対して，契約社員比率30%以上の企業では24.0%となっている。

参考文献

井上仁志（2015）「パートタイマーに関する先行研究レビュー―パートタイマーの活躍と最適な人的資源管理を中心に―」『大阪産業大学経営論集』第16巻２・３合併号，pp.155-175.

今野浩一郎（2012）『正社員消滅時代の人事改革』日本経済新聞出版社.

江夏幾多郎（2011）「正規従業員と非正規従業員の間での均衡処遇と組織パフォーマンス」『経営行動科学』第24巻１号，pp.1-16.

奥西好夫（2008）「正社員および非正社員の賃金と仕事に関する意識」『日本労働研究雑誌』第576号，pp.54-69.

上林憲雄・厨子直之・森田雅也（2010）『経験から学ぶ人的資源管理』有斐閣.

厚生労働省・財団法人21世紀職業財団（2003）『パートタイム労働者の均衡処遇と経営パフォーマンスに係る調査研究会報告書』.

佐藤博樹・佐野嘉秀・堀田聰子（2010）『実証研究―日本の人材ビジネス―新しい人事マネジメントと働き方』日本経済新聞出版社.

篠崎武久・石原真三子・塩川崇年・玄田有史（2003）「パートが正社員との賃金格差に納得しない理由は何か」『日本労働研究雑誌』第512号，pp.58-73.

島貫智行（2007）「パートタイマーの基幹労働力化が賃金満足度に与える影響―組織内公正性の考え方をてがかりに―」『日本労働研究雑誌』第568号，pp.63-76.

社団法人全国労働基準関係団体連合会（2006）『パートタイマーの人事・賃金制度に関する調査研究報告書―均衡処遇からみた人事・賃金制度に関する調査研究報告（１）―』.

―――（2007）『契約社員・準社員の人事・賃金制度に関する調査研究報告書―均衡処遇からみた人事・賃金制度に関する調査研究報告（２）―』.

須江豊彦・冨塚祥子（2003）「保存版 非正社員活用の極意―多様な雇用形態による人材活用の進め方―」『人事マネジメント』第13巻11号，pp.7-25.

高橋康二（2016）「有期社員と企業内賃金格差」『日本労働研究雑誌』第670号，pp.75-89.

西岡由美（2008）「ダイバーシティ・マネジメントとしての非正規雇用」若林直樹・松山一紀編『企業変革の人材マネジメント』ナカニシヤ出版.

西本万映子・今野浩一郎（2003）「パートを中心にした非正社員の均衡処遇と経営パフォーマンス」『日本労働研究雑誌』第518号, pp.47-55.

日経連ダイバーシティ・ワーク・ルール研究会（2002）「原点回帰―ダイバーシティ・マネジメントの方向性―」日本経済者団体連盟（現．日本経済団体連合会）

脇坂明・松原光代（2003a）「パートタイマーの基幹化と均衡処遇（Ⅰ）」『学習院大学経済論集』第40巻２号, pp.157-174.

――――（2003b）「パートタイマーの基幹化と均衡処遇（Ⅱ）」『学習院大学経済論集』第40巻３号, pp.259-294.

Cappelli, P. and Neumark, D.（2001）"Do 'High-Performance' Work Practices Improve Establishment-Level Outcomes? ", *Industrial and Labor Relations Review*, 54（４）, pp.737-775.

Jiang, K., Lepak, D.P., Hu, J. and Baer, J.C.（2012）"How Does Human Resource Management Influence Organizational Outcomes? A Meta-analytic Investigation of Mediating Mechanisms", *Academy of Management Journal*, 55（６）, pp.1264-1294.

Wright, P. M. and Boswell, W. R.（2002）"Desegregating HRM：A Review and Synthesis of Micro and Macro HRM Research", *Journal of Management*, 28（３）, pp.247-276.

Wright, P. M. and McMahan, G. C.（1992）"Theoretical Perspectives for Strategic Human Resource Management", *Journal of Management*, 18（２）, pp.295-320.

第9章 人事管理の再構築に向けたインプリケーション
—要約と結論—

9.1 各章の要約

本章では，これまでの章で展開してきた内容を整理した後に，同一企業内の多様な雇用区分の組み合わせと，それに対応する人事管理のあり方を議論する。

第２章では，３つのアンケート調査を用いて，社員の働き方の多様化に伴う雇用区分の設定と組み合わせ（人材ポートフォリオ）の実態を明らかにした。まず，正社員，フルタイム非正社員，パートタイム非正社員のいずれもが１名以上いる職場について確認したところ，正社員の雇用を中心とする「正社員活用型」の職場が全体の４割と最も多いものの，この他に「正社員＋フルタイム非正社員活用型」「正社員＋パートタイム非正社員活用型」「パートタイム非正社員活用型」の３つの職場タイプが確認され，日本の職場の雇用構成の多様化の実態が明らかになった。さらに，職場タイプによる仕事管理の違いを分析した結果，①職場タイプによって，各社員グループが担当する業務内容の構成比が異なること，②フルタイム非正社員とパートタイム非正社員のどちらを積極的に雇用するかによって，非正社員が従事する仕事レベルに差があること，③特定の非正社員グループを多く雇用する職場では，正社員と同等の仕事をするそのグループの非正社員が多く，また非正社員の質的基幹化が進んでいることが確認された。

ついで，正社員内部の区分に着目したところ，無限定正社員区分のみである企業は約６割，無限定正社員の雇用比率は約7.5割であり，正社員の多様化は進んでいるものの，日本企業では働き方に制約のない正社員が未だ主流である。限定正社員区分については，「仕事限定」「勤務地限定」「仕事＋勤務地限定」が主要なタイプであり，「時間限定」は少ない。さらに，非正社員内部の区分についてみると，非正社員を雇用している企業は，複数の非正社員グループを組み合わせて雇用する傾向にある。嘱託社員は，他のどの非正社員と組み合わせて雇用しても雇用比率はそれほど変わらないが，契約社員とパートタイマーは，どの非正社員との組み合わせで雇用するかによって，雇用比率が異なるといった特徴が明らかになった。

このように，日本企業では，無限定正社員を中心とした人材活用が主流であるが，正社員と非正社員の雇用区分の設定と組み合わせは確実に多様化している。それに連動する形で，どの社員グループ（雇用区分）にどのような内容とレベルの仕事を任せるかといった仕事管理の再編が求められている。

続く第Ⅰ部は，正社員を対象とした研究であり，第３章では，正社員を複数の社員グループに分けて管理している区分企業の属性および主要な限定正社員タイプの導入目的，仕事内容等の特徴を整理するとともに，主要な限定正社員タイプが担う仕事レベルの規定要因を検討した。まず前者については，日本のいわゆる伝統的な大企業で，正社員の区分の多元化が進んでおり，同時に正社員区分の多元化は，企業経営に寄与する可能性が示唆された。さらに主要な限定正社員タイプ別の主な特徴として，以下の４点が確認された。第１に，「1990年代より前」は，高度な業務・専門的な業務を担当する人材を処遇するために，「仕事限定」や「仕事＋勤務地限定」の導入が進み，「2000年以降」は，WLBの実現を目的に，「勤務地限定」「時間限定」の導入が進んでいる。第２に，「勤務地限定」，「仕事限定」，「仕事＋勤務地限定」は，フルタイム非正社員の正社員転換先，「時間限定」と「その他の限定」は，無限定正社員の転換先として機能している。第３に，「仕事＋勤務地限定」は，コース別人事制度の下での一般職区分に対応する区分である。第４に，「仕事限定」は導入目的と異なり，一部でフルタイム非正社員の正社員転換の受け皿となっているため，結果として定着状況が悪い。

後者の各限定正社員タイプが担う仕事レベルの規定要因についての分析結果からは，限定正社員タイプによって，仕事レベルを規定する要因（区分の導入時期，導入目的，入区分ルート，仕事内容）は異なることが明らかになった。とくに「勤務地限定」と「仕事＋勤務地限定」では，仕事内容によって担当する仕事レベルに差が生じること，誰がどの区分からどの区分に転換するかによって，無期転換後の仕事レベルは異なることが示唆された。

第４章では，無限定正社員との比較から限定正社員の人事管理の実態をみるとともに，限定正社員の人事管理が組織パフォーマンスに及ぼす影響を検討した。前者の結果を整理すると，限定正社員と無限定正社員では働く上での条件が異なることから，異なる人事管理を適用する企業は少なくなく，また限定要件によって，人事管理のどの部分に，どのような差を設けるかの傾向は異なることが明らかになった。具体的には，限定正社員の中で，無限定正社員に最も近い基本給（賃金水準，賃金テーブル）が適用されているのは，「時間限定」であるが，基本給以外の手当や人事評価，教育訓練の分野で，無限定正社員に最も近い人事管理が適用されているのは，「勤務地限定」である。また「仕事限定」は，同じ仕事限定であっても人事管理にばらつきがみられ，無限定正社員以上に優遇されることも少なくない。

後者については，限定正社員の人事管理が組織パフォーマンスに及ぼす影響について，重回帰分析を行った。その結果，以下の４つの傾向が明らかになった。第１に，人事管理の項目によって，影響を及ぼす組織パフォーマンスは異なる。第２に，人件費の抑制といった消極的な目的で限定正社員を導入する企業にとって，昇進・昇格のスピードや賃金水準を無限定正社員と同じにすることは，組織パフォーマンスのマイナス効果につながる。一方，限定正社員の活用を今後の人材活用戦略の重要な取り組みと捉えている企業にとって，限定の有無に関係なく昇進・昇格を決定し，同水準の賃金を支給することは，人材の確保・定着，生産性向上等の多くの面でプラスの効果をもたらす。第３に，無限定正社員と同じ賃金テーブルを用いることは，限定正社員にも無限定正社員と同等の待遇を適用することにつながるが，人材の確保，生産性の向上をもたらすためには，それ以上に，働き方の異なることを考慮した，限定正社員のための賃金テーブルを設計する必要がある。

さらに，第4章では，人事管理の組織パフォーマンスへの影響の限定正社員間の違いを検討するために，「仕事限定」と「勤務地限定」を対象とした追加分析を行った。その結果，「仕事限定」の場合には，無限定正社員と同じ人事管理を適用しなければ，労働者の仕事に対する満足度が低下し，組織パフォーマンスを低下させる恐れがある。一方，「勤務地限定」の場合には，限定要件に基づき賃金水準や手当に差を設けることが，無限定正社員の不満を低減させ，組織にとってよい成果につながる可能性が示された。

これらをふまえると，今後，多様な働き方のニーズをもつ人材を，積極的に正社員として活用していくためには，働き方の特性を反映した人事管理を行う必要があり，限定正社員区分ごとに賃金テーブルを設計し，昇進・昇格のスピード，時間当たりの賃金水準の均衡をはかることが求められる。

第4章では，組織パフォーマンスへの影響を明らかにしたが，第5章では，企業活動の最終目標である経営パフォーマンスへの影響と，その影響に対して転換制度が果たす役割について検討した。その結果，限定正社員全体では，限定正社員制度の導入は経営パフォーマンスにプラスの影響を及ぼすが，限定正社員のタイプと活用の程度によってその影響度は異なる。とくに「勤務地限定」と「仕事＋勤務地限定」は，雇用者数の増大が経営パフォーマンスに負の影響を及ぼす可能性が示唆された。

さらに，非正社員の先行研究では，転換制度が果たす役割の重要性が指摘されてきたが，限定正社員については，限定正社員のタイプおよび活用の程度によって転換制度の効果に違いが見られた。「仕事＋勤務地限定」では，転換制度を積極的に整備する企業ほど経営パフォーマンスによい影響が現れるが，「仕事限定」では，転換制度の整備が経営パフォーマンスを阻害する可能性が示された。つまり，「仕事限定」を積極的に活用している企業では，無限定正社員と限定正社員の職域分離が進んでいる可能性があり，他の限定正社員タイプと異なり，公正性の比較対象が無限定正社員ではない可能性が考えられる。そのため職域が異なる両者をつなぐ転換制度を整備することは，逆に組織内の混乱を招く恐れがある。

第Ⅱ部は，非正社員を対象とした研究である。第６章では，同一企業内で就労する契約社員，パートタイマー，嘱託社員の３つの非正社員グループに着目し，量的ポートフォリオ（雇用比率），質的ポートフォリオ（仕事レベル）の観点から，非正社員の人材ポートフォリオのあり方が非正社員の人事管理に及ぼす影響を検討した。

分析結果から，第１に，日本企業では，非正社員の雇用区分の多様化が着実に進んでおり，それに伴い非正社員の人材ポートフォリオは複雑化していることが明らかになった。第２に，いずれかの非正社員グループの雇用比率が，ある一定水準を超えた場合には，当該グループだけでなく，非正社員全体の評価・処遇制度の整備が進む。第３に，企業は，非正社員の多様化が進んだとしても，正社員と非正社員間および非正社員グループ間の職域分離が明確な場合には，評価・処遇制度の整備にとくに注意を払わない。しかしながら，たとえ一部の非正社員グループであっても，正社員との職域分離が曖昧になる，もしくは非正社員グループ間の職域分離が曖昧になると，グループ間の公正性，納得性を確保するために，他の非正社員グループを含んだ非正社員全体として評価・処遇制度の整備が進む。第４に，以上の非正社員に対する評価・処遇制度の整備の背景にあるメカニズムは，嘱託社員については機能しない。つまり，嘱託社員の人事管理は，正社員や他の非正社員グループとは分離した形で設計されていることが示唆された。

第７章では，多様な非正社員グループの中の契約社員に着目し，契約社員の人事管理の特徴を整理した上で，基幹労働力化に及ぼす影響について検討した。具体的には，契約社員の人事管理機能のうち，人事管理の基盤システムである社員区分制度と社員格付け制度，さらに処遇の中核をなす賃金管理について分析を行った。

分析結果を通して得られた含意は，以下の３点である。第１に，契約社員は，企業内で正社員に極めて近い社員グループであるにもかかわらず，人事管理の整備に積極的に取り組んでいる企業は少ない。しかしながら，契約社員の質的基幹化の現状をふまえると，人事管理の基盤を形成する社員区分制度と社員格付け制度を整備し，期待する役割と仕事レベルを明確にし，それに対応した処遇の整備を進めることは必要不可欠である。

第2に，企業は，契約社員の賃金制度と賃金水準を分けて管理している。そのため，契約社員の活用方針をどのように捉えるかによって，企業がとるべき契約社員の賃金管理のあり方は，大きく異なる。量的基幹化を推進する企業では，契約社員の賃金管理を考える上で，まずは正社員との賃金水準の均衡を重視する必要があり，質的基幹化を推進する企業では，契約社員の多様性が高まることをふまえ，賃金水準よりも賃金決定のルールを明確にし，賃金制度での正社員との均衡を重視することが重要である。さらに，契約社員の量的基幹化と質的基幹化の両方を推進する企業では，企業内で契約社員と正社員間の仕事の分業が進み，契約社員の賃金管理は正社員と分離して考えられることが必要になり，結果として，正社員との賃金制度の均衡を考慮する必要性は低下する可能性が示唆された。

第8章では，非正社員グループによって，正社員との人事管理制度の均衡が経営パフォーマンスへ及ぼす効果にどのような違いが現れるかを明らかにするために，主要な非正社員グループであるパートタイマーと契約社員について分析した。両者の分析結果を比較すると，第1に，パートタイマー，契約社員ともに人事管理の基盤システムを形成する社員区分制度と社員格付け制度は，雇用の増大に伴い導入される傾向にあるが，それ自体は経営パフォーマンスの向上に寄与しない。第2に，パートタイマーの場合には，正社員との均衡に配慮したキャリア管理や処遇を整備することは，経営パフォーマンスの向上につながるが，契約社員の場合には，同じ傾向はみられない。これは，パートタイマーと契約社員では企業の活用方針が異なり，彼（彼女）らの組織内での比較対象が異なる可能性を示唆している。

企業が非正社員の人事管理の基盤システムの整備を進める際には，それに伴うマネジメント・コストの増大と整備することによってもたらされる効果を比較検討した上で，整備を進めることになる。企業が多様な非正社員グループに適合した人事管理を構築するためには，人材活用戦略に基づき，人事管理の基盤システムを整備し，それぞれの非正社員グループに対して，企業が期待する役割を明確にし，それに対応した人事管理を行うことが重要である。そして，このような一連のプロセスは，従業員の満足度を高めるとともに，経営パフォーマンスの向上につながる。

9.2　社員の働き方の多様化に対応した人事管理

9.2.1　多様な正社員の人事管理

本書は，同一企業内の多様な雇用区分の組み合わせを念頭に，人事管理のあり方について論じてきた。企業がとる人材活用戦略（どの区分の社員を，どの程度活用するか）によって，とるべき人事管理は異なる。そのため，各章の分析結果より，第２章で示された雇用区分の組み合わせの多様化・複雑化の実態は，同時に人事管理の多様化をもたらしていることが示唆された。とくに多様な正社員については，第３章で議論したように，限定正社員タイプによって区分の特徴が異なり，その結果，同じ限定正社員であっても，どのタイプの限定正社員をどの程度活用するかによって，適用される人事管理とそれが組織パフォーマンスや経営パフォーマンスに及ぼす影響は異なる。

表９-１は，第３章から第５章の多様な正社員を対象とした分析結果をまとめたものである。これをみると，最も導入している企業が多い「仕事限定」は，高度な業務・専門的な業務を担当する人材の確保や定着を目的に導入されていることから，他のタイプに比べて従事する仕事レベルが高い。その結果，「仕事限定」に対する人事管理は，無限定正社員以上に優遇される場合も少なくない。「仕事限定」は，仕事の範囲は限定的だが，勤務地や労働時間は無限定正社員と同じであり，求められるパフォーマンスは限定正社員と同等もしくはそれ以上である。そのため，「仕事限定」には無限定正社員と同じ人事管理，もしくはそれ以上に優遇された人事管理が適用されており，そのことが仕事限定

表9-1　限定正社員タイプ別にみた分析結果

		時間限定	仕事限定	勤務地限定	仕事＋勤務地限定（一般職区分）
区分の特徴	導入企業比率	8.2%	41.5%	33.6%	23.3%
	導入目的	WLBの実現	高度な専門人材の処遇	WLBの実現	高度な専門人材の処遇
	時期	2000年以降	1990年より前	2000年以降	1990年より前
	入区分ルート（転換元）	無限定正社員	フルタイム非正社員	フルタイム非正社員	フルタイム非正社員
	仕事レベル	やや高い※	高い		低い
人事管理	特徴	基本給部分（賃金水準，賃金テーブル）は無限定正社員と同じ場合が多い	ばらつきが大きく，無限定正社員以上に優遇される場合も少なくない	基本給以外の面で無限定正社員に最も近い人事管理が適用されている	無限定正社員と異なる人事管理が適用されている
	組織パフォーマンスとの関係		無限定正社員と同じ人事管理を適用するほど組織パフォーマンスは向上する	無限定正社員と賃金格差を設けるほど組織パフォーマンスが向上する	
経営パフォーマンスとの関係（転換制度の導入の影響）			区分の導入が正の影響（マイナス効果）	雇用比率の増大が負の影響	雇用比率の増大が負の影響（プラス効果）

※時間限定と仕事限定の仕事レベル（「無限定正社員より高い」＝5点～「無限定正社員より低い」＝1点）を得点化するとほぼ同点数であるが，仕事限定のほうが「無限定正社員より高い」の割合が10％以上高いことから，時間限定を「やや高い」とした。

正社員の満足度を高め，組織パフォーマンスにつながっている。さらに「仕事限定」区分の導入は，企業の経営パフォーマンスに対してもよい効果をもたらしている。他方，高度な専門業務に従事している「仕事限定」に対して，広範囲な職務に従事する無限定正社員への転換制度を導入することは，「仕事限定」の専門性に基づいたキャリアアップを阻害し，社員の不満を増大させるだけでなく，職場の仕事配分を複雑化し，結果として経営パフォーマンスを悪化させる恐れがある。このような「仕事限定」の区分の特徴と適用される人事管理を鑑みると，無限定正社員と「仕事限定」では職域分離が進んでおり，他の限定タイプと異なり，人事管理の比較対象を無限定正社員とする必要性は低く，その専門性に対応した人事管理を検討すればよいと考えられる。

「勤務地限定」は，「仕事限定」についで導入企業の比率は高いが，その導入目的と時期が「仕事限定」とは異なり，その結果として，適用される人事管理は異なる。「勤務地限定」は，人事評価や教育訓練の機会，諸手当の部分で無限定正社員と同じ人事管理が適用される傾向にあるが，基本給部分については，勤務地という限定要件による賃金格差を設ける傾向がみられ，かつそのほうが組織パフォーマンスは高まる。ただし，「勤務地限定」の雇用の増大は，職場における配置や異動の柔軟性を阻害し，配置・異動のマネジメント・コストの増大につながる恐れがあることから，経営パフォーマンスを低下させる。そのため「勤務地限定」の雇用拡大は，マネジメント・コストといったマイナス効果を念頭に置いた上で進める必要がある。

「仕事＋勤務地限定」は，いわゆる一般職に相当し，無限定正社員の周辺的業務に従事していることが想定される。その結果，担当する仕事レベルが限定正社員の中で最も低く，適用される人事管理は無限定正社員と大きく異なる。このような「仕事＋勤務地限定」の活用においては，無限定正社員への転換制度が，企業にとっては即戦力として期待できる優秀な人材を確保するためのルートとして，また社員にとっては，キャリアアップの道筋として有効に機能する。なお「仕事＋勤務地限定」の雇用の増大は，前述の「勤務地限定」と同様にマネジメント・コストの増大を招く恐れがあり，その点には留意が必要である。

最後に「時間限定」は，導入している企業が少ないが，無限定正社員からの転換者が他に比べて多く，仕事レベルは無限定正社員とほぼ同程度であることから，育児，介護等の理由により労働時間に制約が生じた無限定正社員の転換先区分であることが想定される。その結果，基本給部分については無限定正社員に最も近い人事管理が適用されているが，本書の研究結果からは，それらが組織パフォーマンスや経営パフォーマンスに及ぼす影響は確認できなかった。

これら限定正社員タイプごとの特徴をふまえ，横軸に「無限定正社員との職

図9-1　限定正社員の人事管理

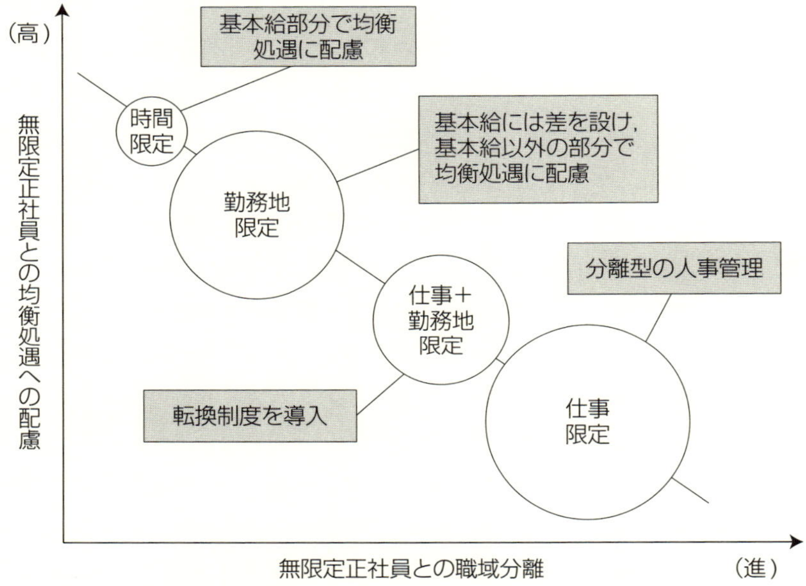

注：円の大きさは導入企業比率を示す。

域分離」，縦軸に「無限定正社員との均衡処遇への配慮」の程度をおいて，各限定正社員タイプの人事管理の現状を示したものが，図9-1である。「時間限定」は，労働時間に制約はあるが，無限定正社員時に担当していた仕事をそのまま継続している可能性が高く，無限定正社員との仕事の重複度が非常に高いと考えられる。そのため，「時間限定」に対しては，無限定正社員との均衡処遇を配慮する必要性が高く，企業は，報酬の主要部分である基本給について無限定正社員との均衡を重視している。「勤務地限定」は，勤務地が限定されていることから，「時間限定」に比べて，担当できる仕事の範囲に一定の制約がかかる。そのため「勤務地限定」には，その制約に対して基本給に差を設けることで，社内の公正性を担保している。「仕事＋勤務地限定」は，主に無限定正社員の周辺業務を担当することから，本来は無限定正社員との職域分離が進んでいるはずである。しかしながら，実際には，区分間（総合職区分と一般職区分）の職域が曖昧になっていることが少なくなく，転換制度を設けることで，曖昧な職域で活躍する「仕事＋勤務地限定」の不満を解消している。限定正社員のタイプの中で無限定正社員との仕事の重複度が最も小さく，無限定正社員との職域分離が進んでいるのは「仕事限定」である。「仕事限定」は，担当する仕事の範囲が限定され，専門性が高いことから，無限定正社員との公正性はそれほど意識する必要がなく，人事管理を他の雇用区分と切り離して検討することが可能である。

通常，組織内の公正性への不満は，仕事の類似性が高いほど生じる傾向にあることから，仕事の類似性が低い状況下，つまり職域分離が明確な場合には，公正性の比較対象は同じ雇用区分の社員にとどまり，無限定正社員をはじめとする他の雇用区分との均衡処遇の配慮の必要性は低下する。また均衡処遇への配慮の程度に応じて，企業が限定正社員に行う人事管理上の対応は，①無限定正社員との均衡に配慮した人事管理（基本給部分，基本給部分以外）の適用，②区分間をつなぐ転換制度の整備，③異なる人事管理の適用の３つが考えられるが，どの対応が適しているかは，限定正社員のタイプによって異なる。

9.2.2　多様な非正社員の人事管理

非正社員の人事管理においても，職域分離が１つの鍵となる。第６章の研究で用いた非正社員の評価・処遇制度の整備状況の変数は，どの程度正社員に近い制度がとられているかの視点から計量化したものである。そのため，一定の限界はあるものの，評価・処遇制度の整備が進むということは，正社員と非正社員との間で均衡処遇が進むと捉えることができる。それを前提に，第６章の分析結果を再掲すると，正社員と非正社員間および非正社員グループ間でたとえ一部でも職域分離が曖昧な場合には，その非正社員グループだけでなく非正社員全体に対して，正社員との均衡処遇が進められる。それに対して，職域分離が明確な場合には，均衡処遇を考慮する必要性が低下し，均衡処遇は進まない。つまり，正社員と非正社員，さらに非正社員グループ間の職域分離の状況が多様な非正社員の人事管理のあり方に影響を及ぼすのである。

さらに第7章の契約社員を対象とした分析結果においては，契約社員の質的基幹化と量的基幹化がともに進むと，正社員と契約社員間で職域分離が進み，その結果，企業が正社員と契約社員の賃金決定を別枠で管理することが示唆された。第8章では，正社員との人事管理制度の均衡と経営パフォーマンスとの関係をみた。パートタイマーと契約社員を比較した場合に，パートタイマーは，正社員との均衡処遇が経営パフォーマンスの向上につながるが，契約社員は，正社員との均衡処遇と経営パフォーマンスとの間には何ら関係性が確認できなかった。これは同じ非正社員であるが，パートタイマーの場合には，正社員との職域分離が曖昧であるのに対して，パートタイマーに比べて高度な専門業務に従事する傾向にある契約社員の場合には，正社員との職域分離が明確であり，均衡処遇への配慮の必要性が低いことを提示している。

以上をふまえると，非正社員の人事管理に関する先行研究の多くは，正社員との均衡処遇の重要性を指摘しているが，多様な非正社員の人事管理を考える際には均衡処遇の問題に加えて，各非正社員グループが担う仕事の範囲をどのように設定するのかといった正社員や各グループ間の職域分離が重要な鍵となる。

9.2.3　多様な社員の人事管理を捉える3つの視点

社員の働き方の多様化に伴う同一企業内の雇用区分とその組み合わせの多様化は，均衡処遇の比較対象を複雑にする。従来の均衡処遇の比較対象は，本書で示すところの無限定正社員であったが，雇用区分の多様化に伴って正社員内部や非正社員内部の均衡処遇をはじめ，限定正社員と非正社員間などさまざまな社員グループ間の均衡処遇への配慮が求められるようになる。さらに無限定正社員区分がない企業も出現しており，比較対象の設定が難しくなっている。本書では，そういった状況の下で，効果的な人事管理を構築するための重要な視点として，「均衡処遇」「職域分離」「転換制度」の3つが導出された（図9-2参照）。

図9-2　多様な雇用区分に対応する人事管理の3つの視点

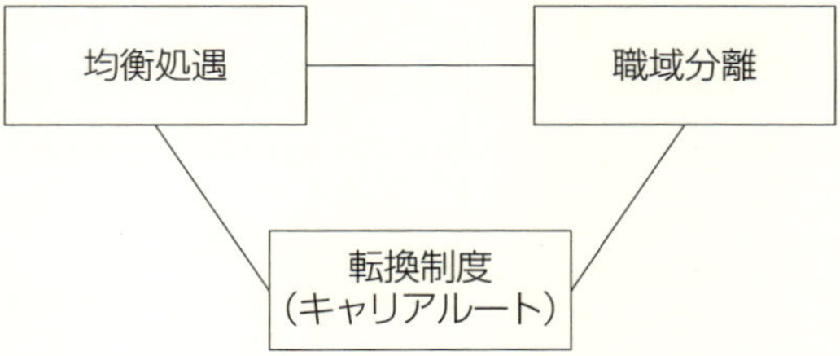

雇用区分の多様化に対応した人事管理のあり方には，２つの可能性が考えられる。１つは，均衡問題の複雑さを回避するために，雇用区分間の職域分離を進め，それを前提とした分離型の人事管理を構築することである。前述の図9-1で示したとおり，均衡処遇への配慮の程度と職域分離はトレードオフの関係にある。そのため，あらかじめ各雇用区分の仕事の範囲を明確にすれば，均衡処遇の問題を考慮する必要性は低下し，個々の雇用区分にとって効果的な人事管理を個別に構築すればよくなる。ただし，この際に注意しなければならないのは，たとえ一部の雇用区分間であっても職域分離が曖昧な場合には，それらの雇用区分間だけでなく，同一企業内の他の雇用区分間の均衡問題にも影響が波及する可能性がある点である。そのため，分離型の人事管理をとる場合には，企業内のすべての雇用区分の職域を明確にし，すべての雇用区分間で職域の重なりがないようにする必要がある。

もう１つは，複雑化する均衡問題を前提に，その複雑さに対応可能な，つまり，多様な雇用区分間の均衡に十分に配慮した，統合型の人事管理を構築することである。異なる区分間の公正性を担保した人事管理を構築するためには，人事管理のどの部分で同じものを適用し，区分の違いに対してどの部分で差を設けるかの検討が必要となる。研究結果からは，基本給とそれ以外の部分での２つの対応方法がみられた。

最後は，雇用区分の多様化に対応した効果的な人事管理を構築する上で，転換制度（キャリアルート）をどのように設定するかである。本書では，多様な非正社員グループの正社員への転換制度の効果は検討できていないが，雇用区分間の職域分離の程度によって，転換制度の効果は異なる。明確な職域分離の下で転換制度を導入することは，かえって組織内の混乱を招く恐れがあり，転換制度をどのように設定するかは，人事管理の効果に大きく影響する。そのため，均衡処遇や職域分離の問題と合わせて，転換制度のあり方を検討する必要がある。

9.3　課題と今後の展開

本書は，社員の働き方の多様化が進む中で，多くの日本企業が抱える人事管理の問題に少なからず貢献したと考えるが，いくつかの限界と課題が残る（各章の分析に関する具体的な限界と課題については，それぞれの章の終わりを参照してほしい）。

第１に，正社員と非正社員を含む，同一企業内の社員全体の雇用区分の組み合わせに対応した人事管理のあり方を分析できていない点である。データ制約上の限界もあり，人事管理の分析は，正社員と非正社員に対象を分けて行った。改正労働契約法に基づく無期転換後の雇用区分として限定正社員が注目されていることから，非正社員と限定正社員との組み合わせに関する検討も必要だろう。

第２に，クロスセクション・データを用いたことにより，特定の時点での分析にとどまる点である。社員の働き方の多様化といった時間の経過とともに変容する現象に対応した人事管理を検討するためには，人事管理がどのように変化したのか（変化していないのか）のプロセスも捉える必要がある。また各章の分析の因果推定においても，見かけ上の関係に過ぎない可能性があることから時系列の視点を含んだ再検討が求められる。

これらの課題を解決するためには，多様な雇用区分を持つ企業を対象に，定性分析による検討が有効であると考える。企業内の雇用区分の組み合わせや人事管理の実態を，より詳細に検討するためには，定性分析が適しており，また変化のプロセスについても検証可能であろう。さらに定性分析により，本研究から導出された人事管理を捉える３つの視点を検証することは，社員の働き方の多様化に対応した新しい人事管理についてのさらなる実務的，政策的なインプリケーションの導出に役立つであろう。

事項索引

さ 行

た 行

な 行

は 行

ま 行

や 行

ら 行

わ 行

人名・団体名索引

[著者紹介]

西岡　由美（にしおか　ゆみ）

立正大学経営学部准教授。博士（経営学）。
1998年　学習院大学経済学部経営学科卒業
2000年　学習院大学大学院経営学研究科博士前期課程修了
2003年　学習院大学大学院経営学研究科博士後期課程満期単位取得退学
2003年　湘北短期大学総合ビジネス学科助手
2005年　湘北短期大学総合ビジネス学科専任講師
2010年　立正大学経営学部専任講師
2012年　立正大学経営学部准教授（現在に至る）

専門分野：人的資源管理
主な著作：「WLB　支援制度・基盤制度の組み合わせが決める経営パフォーマンス」（『日本労働研究雑誌』第583号，2009年）；「契約社員の人事管理と基幹労働力化―基盤システムと賃金管理の二つの側面から―」（『日本経営学会誌』第36号，2015年）；「多様な非正社員の人事管理―人材ポートフォリオの視点から―」（『日本労務学会誌』第17巻２号，2016年）；「人事方針と人事施策の適合と企業成長」宮川努，淺羽茂，細野薫編『インタンジブルズ・エコノミー　無形資産投資と日本の生産性向上』東京大学出版会，2016年）など。
受賞：日本経営学会賞（論文部門，2016年度），日本労務学会賞（研究奨励賞，2016年度）

多様化する雇用形態の人事管理
――人材ポートフォリオの実証分析

2018年３月１日　第１版第１刷発行

著　者　西　岡　由　美
発行者　山　本　継
発行所　㈱　中　央　経　済　社
発売元　㈱中央経済グループパブリッシング

〒101-0051　東京都千代田区神田神保町1-31-2
電話　03（3293）3371（編集代表）
03（3293）3381（営業代表）
http://www.chuokeizai.co.jp/
印刷／三　英　印　刷　㈱
製本／誠　製　本　㈱

＊頁の「欠落」や「順序違い」などがありましたらお取り替えいたしますので発売元までご送付ください。（送料小社負担）

ISBN978-4-502-24951-8　C3034